AF287300

Inhaltsverzeichnis

Vorwort

Lange Zeit kannte man sie höchstens aus dem Zoo, doch inzwischen ist die Beliebtheit der Kamerunschafe bei Privathaltern stetig gestiegen. Heute haben sich diese Schafe einen festen Platz unter den bei uns gehaltenen Rassen erobert. Zwar sind sie immer noch nicht allgemein bekannt und werden von Laien gern mit Ziegen verwechselt, doch Insider wissen die Kameruner zu schätzen, und für viele Menschen ist dieses Tier der Inbegriff für ein Schaf ohne Wolle.

Heute werden bereits so viele Kamerunschafe gezüchtet - und leider oft auch planlos vermehrt -, dass sie überall in Deutschland zu finden sind. Diese Rasse ist dabei einen etwas anderen Weg gegangen als die meisten übrigen. Während bei jenen im Allgemeinen das Nutzungsdenken im Vordergrund steht, überwiegt beim Kamerunschaf die Freude am Tier an sich. Häufig sind es Menschen, die diese Tiere nicht oder nicht nur zum Nutzen halten, sondern einfach als ein schönes Hobby.

Was macht die so rasant gestiegene Beliebtheit aus? Diese Schafe haben einige Besonderheiten, die andere in dem Maße nicht aufweisen. Sie sind relativ klein und benötigen weniger Futter, können auch auf kleineren Flächen gehalten werden. Sie brauchen nicht geschoren zu werden. Bei anderen Rassen ist die jährliche Schur unbedingt notwendig und auch teuer, sofern man es nicht selbst macht. Trotzdem gibt es für die Wolle kaum noch einen Absatz. Da Kamerunschafe ihr Winterfell zum Frühjahr hin wechseln, fällt diese Problematik bei ihnen komplett weg. Doch auch der Nutzungsgedanke kommt nicht zu kurz. Für die heute typische Kleinfamilie ist das, was ein Kameruner an Schlachtausbeute abwirft, gerade richtig für den eigenen Bedarf, es ist nicht zu groß, so dass sich die Fleischmenge gut verwerten lässt.

Und nicht zuletzt: das Kamerunschaf ist ein hübsches Tier, es hat eine ganz eigene Ausstrahlung, es zeigt sich im Gegensatz zu den zottigen Wollschafen immer sauber und adrett, hat klare, leuchtende Farben und ein gefälliges Outfit! Die schönen Afrikaner wirken auf viele Menschen äußerst anziehend und interessant. Oft wird es nur deshalb gehalten und gezüchtet, weil es so dekorativ ist. Die Böcke sehen prächtig aus mit ihren geschwungenen Hörnern und dem wallenden Halsbehang, wogegen die weiblichen Tiere sich an feingliedriger Eleganz mit einem Reh vergleichen lassen! Die Liebhaber-Züchter und –halter überwiegen bei dieser Schafrasse sicherlich weitgehend. Sie rekrutieren sich häufig aus Menschen, die von Haus aus keinen Bezug zur landwirtschaftlichen Nutztierhaltung haben, sich aber dennoch ein paar Kamerunschafe auf ihrem Anwesen halten möchten.

Aus diesen Gründen ist es an der Zeit, ein Buch herauszubringen, das sich ausschließlich mit dem

Kamerunschaf befasst. In der übrigen Fachliteratur ist es meist nur am Rande erwähnt, und auf seine Besonderheiten wird dort nicht eingegangen. Auch ist der Leserkreis für ein solches Buch ein anderer, weniger nutzungsbetont, sondern mehr hobbymäßig ausgerichtet. Deshalb ist dieses Buch anders geschrieben und die Schwerpunkte sind anders gelegt als bei den üblichen Leitfäden zur Schafhaltung. Dem Anfänger soll hiermit ein Rüstzeug in die Hand gegeben werden, das ihn mit dem Kamerunschaf vertraut macht, ihm etwas über sein Wesen und seine Ansprüche erzählt, die bunte Farbpalette schildert und erklärt, was erwartet werden kann und was nicht, was man auf keinen Fall tun sollte und was zu empfehlen ist. Dadurch werden viele Anfangsfehler vermieden, und umso realistischer kann das Vorhaben, Kamerunschafe zu halten, eingeschätzt werden. Aber auch dem Leser, der bereits Kamerunschafe besitzt, wird dieses Werk manches Interessante und Wissenswerte aufzeigen.

Haarwechsel im Frühjahr

Kamerunschafe –von gestern bis heute

Die Hausschafe stammen vom Wildschaf (*Ovis ammon*) ab. Diese Art gliedert sich in ihrem großen eurasischen Verbreitungsgebiet in mehrere Unterarten auf, die sich z.T. erheblich in Farbe, Größe und Hornform unterscheiden. Zwei dieser Unterarten kommen als Stammformen der heutigen Schafsrassen in Frage:

Der Mufflon (*Ovis ammon musimon*)

Der Argal (*Ovis ammon ammon*))

Die westlichste – und kleinste – Unterart, der Mufflon, kommt ursprünglich im mediterranen europäischen Raum vor, wurde aber bis auf einige Restbestände auf Sardinien und Korsika ausgerottet. Als Jagdwild eingebürgert, hat er sich inzwischen jedoch auch in Deutschland an einigen Stellen ausgebreitet, nachdem der Bestand im Ursprungsgebiet durch strenge Schutzmaßnahmen gesichert wurde. Der Mufflon gilt als Stammvater aller kurzschwänzigen Schafrassen. Besonders die urtümlicheren Heideschafe des Nordens leiten sich ganz offensichtlich von ihm ab, wie z.B. die Heidschnucke, die Skudde, das Gotlandschaf, das Soayschaf und auch viele andere britische Rassen. Aber auch das Kamerunschaf gehört in diese Kategorie hinein. Es ist von seinem Äußeren her am ursprünglichsten geblieben und besitzt noch die Felltextur und den Habitus des Wildschafes.

Der Argal, ein großes, schweres Tier mit weit ausladenden, gedrehten Hörnern im männlichen Geschlecht, lebt in den großen Steppengebieten Westasiens. Von ihm leiten sich die großwüchsigen langschwänzigen Hausschafrassen ab, wie z.B. das Ostfriesische Milchschaf, das Schwarzkopfschaf, das Texelschaf, das Bentheimer Landschaf, das Coburger Fuchsschaf, die Merinoschafe und viele weitere Rassen.

Zwischen diesen beiden Typen gibt es inzwischen natürlich mannigfache Mischformen, und bei manchen Schafen lässt sich schlecht entscheiden, ob sie dieser oder jener Rassengruppe zugehörig sind. Interessant ist dabei z.B. das Barbados Blackbelly, ein großrahmiges, hochläufiges Schaf, das in seiner braunmarken Farbgebung sowie mit dem kurzen Haarkleid einem Kamerunschaf sehr ähnlich sieht, das aber abgesehen von der Größe und der Hornlosigkeit (auch im männlichen Geschlecht) einen recht langen Schwanz besitzt.

Wie die Vorfahren des Kamerunschafes ins Innere Afrikas gekommen sein mögen, darüber lässt sich nur spekulieren.

Denkbar ist jedoch, dass primitive Hausschafe des Mufflontypus von den Mittelmeerländern aus über Handelsbeziehungen nach Nordafrika gelangt sind, von wo aus sie sich weiter in das Landesinnere verbreiteten.

Ganz sicher ist, dass die Afrikaner keineswegs den Ehrgeiz hatten, eine neue Rasse zu züchten und sich Tiere nach ihren Bedürfnissen zu formen. Die Negerstämme Schwarzafrikas haben tatsächlich noch keine einzige Tierart domestiziert. Vielmehr blieb es den Schafen selbst überlassen, sich an die bestehenden Bedingungen anzupassen. Sie blieben die urtümlichen, wenig von der Wildform abweichenden Tiere, als die sie den Kontinent betraten, degenerierten aber durch zufällige Inzucht und bildeten unter dem Schutz des Menschen mannigfache Farbschläge und auch Scheckungen aus. In Anbetracht der fehlenden Zuchtwahl und durch die Anpassung an die vorgegebenen Lebensumstände waren die Unterschiede der Tiere im Habitus nicht groß, und es entstand, wenn man so will, eine urtümliche Haarschafrasse in den Tropen.

Genutzt wurde alles, was die Tiere boten, Fleisch, Milch und Felle und auch Blut, Kot und Urin. Man war genügsam wie die Haustiere selbst und war mit dem Vorhandenen zufrieden. Es bestand kein Anlaß, die Leistungen der Schafe irgendwie zu verbessern. Auch an Wolle war im tropischen Klima kein Bedarf. Das änderte sich erst mit den Maßnahmen der Entwicklungshilfe, den Menschen im Land „Hilfe zur Selbsthilfe" zu geben. Hierzu wurden u.a. geeignete Schafrassen eingeführt, um den Ertrag an Fleisch und Milch zu verbessern. Manche der eingeführten Tiere erwiesen sich als nicht tropentauglich, doch andere gediehen, und nach und nach wurden auch die letzten Bestände der heimischen Schafe durch Einkreuzungen „verbessert". Dadurch entstand ein inhomogenes Gemisch, das tatsächlich bessere Erträge abwirft, aber nicht mehr mit dem ursprünglichen Typ identisch ist, der sich nach und nach verliert.

Inzwischen kann man in Deutschland vielleicht sogar mehr reinrassige Kamerunschafe antreffen als in ihren Ursprungsländern selbst. Wie kam es dazu? Als die Zoos damals noch Tiere von Übersee mit dem Schiff einführen mußten, brauchten Raubtiere wie Löwen z.B. auf der langen Schiffsreise frisches Fleisch. Dazu wurden als lebende Fleischvorräte Schafe des dort heimischen ursprünglichen Typs (die Einkreuzungen fanden erst in neuerer Zeit statt!) mit auf das Schiff genommen. Besonders die bekannte Tierhandlung Carl Hagenbeck in Hamburg führte ab 1866 jährlich mehrere Tierfangexpeditionen nach Westafrika durch und brachte mit den Raubtiertransporten auch Kamerunschafe nach Deutschland. Diejenigen, die die Reise überstanden und somit übrig blieben, fanden aufgrund ihres für Europäer ungewöhnlichen Aussehens in den Zoos und Tiergärten Asyl, wo sie gezeigt und auch weitergezüchtet wurden. Man nannte diese Tiere „Kamerunschafe", weil sie meist von Westafrika aus eingeführt wurden.

Das Kamerunschaf befindet sich also bereits seit über 100 Jahren in Deutschland. Anfangs gab es noch nicht viele Privatliebhaber, die sich für diese Rasse interessierten, weil Wolle im deutschen Kaiserreich noch ein gesuchter und wertvoller Rohstoff war. Doch durch die Zoos wurden diese Tiere auch bei uns bekannt und fanden wegen ihres hübschen Aussehens und ihrer handlichen Größe erst viel später einiges Interesse bei Menschen, die diese Schafe als Hobby hielten. Da sie keine Schur benötigen und Schafswolle heutzutage ohnehin nur noch schlecht oder gar nicht mehr abzusetzen ist, gelang den attraktiven Tieren seit den 80er Jahren des letzten Jahrhunderts in kürzester Zeit ein ungeahnter Aufschwung!

Kamerunschafe heute

Nachdem das Kamerunschaf lange Zeit lediglich von einigen Privatleuten gehalten wurde und die Schafzuchtverbände diese Rasse höchstens als eigenwilligen Exot ansahen, änderte sich dies 1992 mit der Gründung einer Interessengemeinschaft deutscher Kamerunschafzüchter. Diese ging 1997 in den „Verein der Kamerunschafzüchter und –halter e.V." über. Seitdem wird das Kamerunschaf auch innerhalb der Schafzuchtverbände als Landschaf im Herdbuch geführt und hat somit den Status einer in Deutschland anerkannten Rasse bekommen. Es besteht ein Standard, der vorgibt, wie das rassetypische Tier auszusehen hat, wobei trotz der relativen Kleinwüchsigkeit wirtschaftliche Gesichtspunkte wie gute Bemuskelung und Produktivität nicht vernachlässigt werden.

Auch eine Palette von Farben wird beschrieben, in denen das Kamerunschaf auftreten kann. Eigentlich anerkannt und für körfähig befunden wird bisher jedoch nur der braunmarkenfarbige Farbschlag, der deshalb auch weitaus am häufigsten ist. Es sind jedoch Bestrebungen im Gange, auch andere Farben, insbesondere die immer beliebter werdenden attraktiven Schecken, in der Herdbuchzucht zuzulassen.

Das Problem bei den Farbschlägen liegt darin, dass viele Züchter nur das braunmarkenfarbige Kamerunschaf als „original" ansehen und die anderen als Ergebnisse von Einkreuzungen verurteilen. Es lässt sich jedoch nachweisen, dass unter den ersten bei uns eingeführten Kamerunern auch Schecken waren, und alte Bilder von damals zeigen eine Reihe von Farben und Nuancen in den Ursprungsländern. Tatsache ist, dass diese Rasse nie auf Farbe gezüchtet wurde und daher in dieser Hinsicht ein sehr heterogenes Erbgut vorliegt. Erst bei uns bevorzugte man die sich gut vererbenden Braunmarkenfarbigen, und zwar so sehr, dass schließlich nur diese als reinrassig galten.

Ganz unbegründet war diese Einstellung leider nicht. Gerade heute wird vieles als „Kamerunschaf" bezeichnet und auch verkauft, was in Wirklichkeit nur wilde Kreuzungen sind. Mit steigender Beliebtheit dieser Rasse gibt es inzwischen sehr viele Privatleute, die Kameruner züchten. Manche fanden diese Rasse bald zu klein und mickrig, so dass sie sie durch Einkreuzung von großwüchsigen Fleischschafen zu „verbessern" suchten. Besonders zur Erzüchtung von „Nolana"-Schafen, einer inzwischen anerkannten Fleischrasse, die keine Wolle trägt, sind anfangs auch Kameruner eingeflossen. Die vielen nicht zur Weiterzucht geeigneten Tiere aus diesen Experimenten fanden dann leider oft einen Eingang zurück in die Kamerunzucht. Andere wiederum machten ungezielte Versuche durch Einkreuzen weiterer Naturrassen wie Skudden, Soays, Heidschnucken usw, oft mehr oder weniger zufällig, weil man alles durcheinander laufen hatte. Da das Aussehen der Kameruner und besonders die braunmarken Farbe bei den Mixen sehr stark durchschlägt, sind für einen Laien Mischlinge oft gar nicht so ohne weiteres zu erkennen. Sie kommen in die Zucht reinrassiger Tiere und verwässern so die typischen Eigenschaften. So geschieht zurzeit auch bei uns das, was in Afrika schon vorher praktiziert wurde: die Verdrängung des rassetypischen Erbgutes durch Vermischung!

Die Beliebtheit der Kameruner hat leider auch die Kehrseite, dass viele unbedarfte „Züchter" lediglich Vermehrer sind, die ihre Tiere sich wild untereinander verpaaren lassen, ohne eine Auslese zu betreiben oder je frisches Blut einzuführen. Dazu ist die Haltung oft ungenügend, und man lässt die Muttertiere ständig Lämmer werfen, so dass selbst diese anspruchslosen Tiere mit der Zeit verkümmern. Besonders mickrige und kleinwüchsige Exemplare, oft mit kümmerlicher und schlecht gesetzter Hornanlage bei den Böcken, sind das Resultat, das leider inzwischen nur allzu häufig zu Dumpingpreisen auf den Markt geworfen wird.

Von daher gesehen sind die Bemühungen ernsthafter Züchter, allen voran der Herdbuchzüchter, diese Rasse vital und rein zu erhalten, äußerst wichtig. Solche Tiere sind natürlich nicht zu Niedrigpreisen zu bekommen, doch sind sie ihr Geld allemal wert.

Die Rassebeschreibung

Das Kamerunschaf aus Westafrika ist ein klein- bis mittelrahmiges Haarschaf. Das Zuchtziel strebt ein anspruchsloses, widerstandsfähiges Landschaf mit Haarkleid und möglichst guter Bemuskelung an Rücken und Keule an. Der Rumpf wird tief und geschlossen gewünscht, die Rippen gut gewölbt, das Fundament fein und trocken, mit harten Klauen. Der Schwanz sollte kurz sein, doch gibt es da eine gewisse Spannweite. Manche Schafe haben einen sehr kurzen Schwanz, bei anderen wiederum ist er schon relativ lang, allerdings nie so lang wie vergleichsweise bei vielen anderen Rassen. Der Kopf ist länglich, mit kleinen, schräg nach vorn stehenden Ohren. Die Mutterschafe sind hornlos, während die Böcke gut ausgeprägte, sichelförmige Hörner und eine reichliche Mähne an Nacken, Hals und Brust aufweisen.

Das Haarkleid ist dicht, glatt anliegend und wird zum Winter hin durch eine dicke Unterwolle ergänzt, die im Frühjahr wieder abgestoßen wird. Zu dieser Zeit erfolgt ein vollkommener Haarwechsel, wie es auch bei den Wildschafen üblich ist.

Altböcke haben eine Schulterhöhe von 60 – 70 cm bei einem Körpergewicht von 45 – 60 kg, während Jährlingsböcke 45 – 55 cm hoch und 35 – 45 kg schwer sind. Mutterschafe bringen es auf 58 – 65 cm Schulterhöhe und ein Gewicht von 35 – 50 kg. Diese relativ großen Differenzen zeigen die immer noch beträchtlichen Unterschiede innerhalb der Rasse auf. Während es inzwischen schon einige Kamerunschafe gibt, die bei optimaler Haltung auf nährstoffreichen Weiden die Größen- und Gewichtsgrenzen nach oben hin überschreiten, sollten die Tiere auf keinen Fall unter die unteren Grenzen kommen, da sonst die Gefahr besteht, dass sie zu mickrig werden.

Auch innerhalb des Rassetypus gibt es einige Unterschiede. So fallen relativ hochläufige, schlanke Tiere auf, während andere mehr bullig und stark bemuskelt wirken, besonders bei den Böcken. Diese Konstitutionstypen sind bei den Kamerunschafen durchaus normal und werden beide mit allen möglichen Übergängen zwischen ihnen anerkannt, solange sie sonst sämtliche rassetypischen Merkmale aufweisen. Welchen man den Vorzug gibt, ist letztlich eine Sache des persönlichen Geschmacks.

Das Gehörn der Böcke sollte weit genug abstehen und keineswegs so eng gewunden sein, dass die Spitzen in den Nacken oder seitlich in den Kopf wachsen. Bei der Zucht muß unbedingt auf korrekte Hornstellung gesehen werden! Fehler in dieser Hinsicht gibt es leider schon mehr als genug, weil bei Liebhaber-Züchtern und „Vermehrern" oftmals nicht genügend darauf geachtet wurde. Die Böcke des schlanken Typs haben im allgemeinen sichelförmige, weit geschwungene Hörner, die nicht zum Einwachsen neigen, manchmal allerdings zu schwach ausgeprägt sind, während eine zu enge Hornstellung bei den kräftiger gebauten Exemplaren häufiger vorkommt. Hier neigen die Hörner auch eher dazu, zu drehen und im Alter eine zusätzliche Windung zu bilden, was weiter nicht schadet und imposant aussieht, solange ein genügender Abstand vom Kopf gewahrt bleibt.

Die Farbschläge

Folgende Farbschläge werden bei den Kamerunschafen beschrieben:

<u>Braunmarkenfarbig:</u>

Dies ist bei weitem die am häufigsten anzutreffende Farbe bei Kamerunschafen, ja geradezu ihr „Markenzeichen"! Die attraktiven Tiere sind in der Grundfarbe braun, wobei von kamelgelb bis tief rotbraun alle Nuancen auftreten können. Kopf, Bauch und Läufe sind schwarz gezeichnet. Eine rein vererbende, seltener vorkommende Sonderform, die diesem Farbschlag zugerechnet wird, hat als Grundfarbe ein dunkles, mahagoniartiges Kastanienbraun mit schwärzlicher Schattierung an den Flanken.

Schwarz:

Diese inzwischen nicht mehr so seltene Farbe ist erstaunlicherweise dennoch immer noch nicht allgemein bekannt. Es ist der zweithäufigste Farbschlag, von reinem, tiefem Schwarz, einfarbig ohne Abzeichen oder sonstigen erkennbaren Markierungen.

Schwarzmarkenfarbig

Ein sehr seltener, fast ausgestorbener Farbschlag, der weitgehend unbekannt ist und leider kaum noch gezüchtet wird! Die besonders dekorativen Tiere sind in der Grundfarbe tief schwarz mit rotbrauner Zeichnung an Kopf, Bauch und Läufen, also beinahe umgekehrt gezeichnet wie die Braunmarkenfarbigen.

Braun:

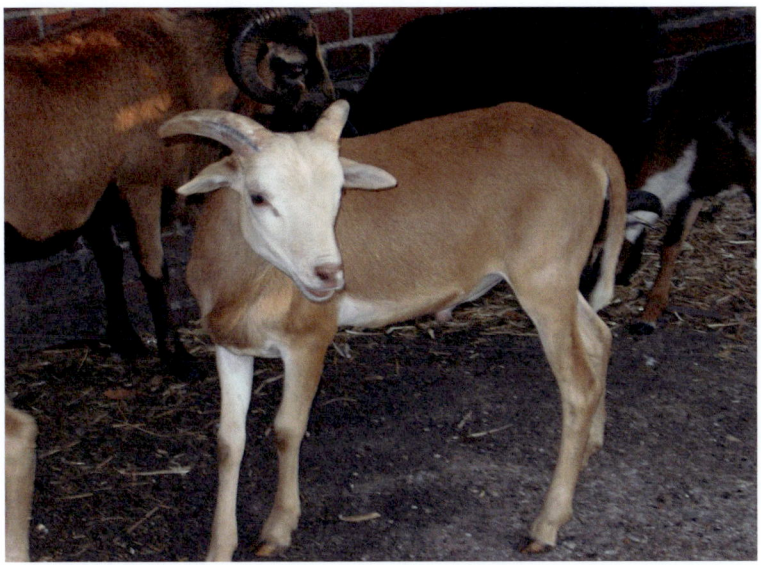

Diese hübschen Tiere weisen ein helles Goldbraun bis zu einem leuchtenden Hirschrot auf ohne die schwarzen Abzeichen der bekannten braunmarkenfarbigen Kamerunschafe. Gesicht, Unterseite und Läufe sind heller gefärbt. Sie kommen bei dieser Rasse gelegentlich einmal vor, sind aber extrem selten und werden in der Regel nicht gezielt gezüchtet.

Gescheckt:

Über diesen Farbschlag sind die Kamerunzüchter in zwei Lager gespalten! Während die einen diese Tiere als die schönsten Vertreter aller Kamerunschafe ansehen, wehren sich die anderen vehement gegen ihre Anerkennung im Herdbuch. Allgemein wurde angenommen, dass die Schecken durch Einkreuzen anderer Rassen entstanden sind. Es ist aber inzwischen erwiesen, dass auch unter den damals eingeführten Kamerunschafen bereits gescheckte Exemplare waren, so dass diese Farbe als durchaus authentisch angesehen werden muß. Es handelt sich hierbei um die Form der Plattenscheckung, das heißt, die Tiere sind gleichmäßig farbig und weiß gescheckt, mit deutlichen Abgrenzungen und sauberen, klaren Farben. Von fast farbigen Tieren mit nur wenig weiß bis hin zu fast weißen mit nur wenigen farbigen Flecken reicht die Palette. Bisher sind die meisten Schecken allerdings überwiegend farbig, oft lediglich mit weißen Stiefeln, während solche mit 50 % Scheckung oder gar überwiegend weiße Extremschecken noch sehr selten sind, da sie meist nicht gezielt gezüchtet werden. Der Weißanteil nimmt gewöhnlich vom Hinterkörper über die Unterseite mit den Läufen entlang nach vorne zu. Als Grundfarbe können alle oben beschriebenen Farben vorkommen, doch sind Schecken in braunmarkenfarbig, gefolgt von schwarz-weißen Tieren, am häufigsten anzutreffen.

Schimmel:

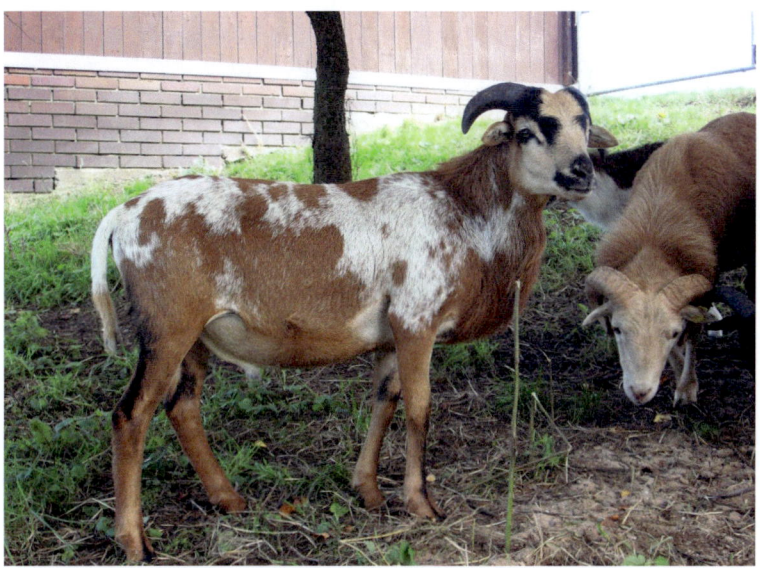

Diese auch als Tigerscheckung bekannte Zeichnungsart ist seltener als die Plattenscheckung. Solche Tiere können sehr unterschiedlich aussehen. Während eigentliche Schimmel durch weiße Stichelhaare wie bereift erscheinen und dadurch im Gesamteindruck heller sind als normal gefärbte Exemplare, gibt es andererseits auch Scheckungen und Flecken, die an die Paints bzw. Appaloosas und Schabrackentiger bei Westernpferden erinnern. Gemeinsames Merkmal all dieser Schimmel-Varianten ist, dass sie ineinander übergehen können und die Weißscheckung in der Hauptsache auf dem Rumpf verteilt ist. Die Läufe und oft auch die Unterseite sind im Allgemeinen farbig. Hat man bei den oben beschriebenen Plattenschecken den Eindruck, die Scheckung würde sich von hinten-unten einschleichen, ist es bei den Schimmeln umgekehrt. Hier erscheint das Weiß zuerst auf dem Rücken oder an den Seiten. Zudem sind bei diesen Tieren selten scharf abgegrenzte Farbfelder zu erkennen. Meist gehen weiße und farbige Partien ineinander über, und die Grenzlinie ist unscharf und unruhig umrissen. Farbige Haare in weißen Feldern und weiße Haare in farbigen Partien kommen häufig vor. Um das Maß voll zu machen, gibt es gelegentlich noch durch Verkreuzung beider Scheckentypen Tiere, die Merkmale sowohl der Platten- als auch der Schimmelscheckung tragen. Als Grundfarbe ist braunmarken weitaus am häufigsten zu finden und wirkt am buntesten (dreifarbig!), doch können insbesondere schwarz-weiß gezeichnete Tigerschecken wunderschön aussehen!

Außer den hier aufgeführten und in der Rassebeschreibung genannten Farbschlägen tauchen gelegentlich noch weitere auf. Da die genetische Bandbreite bei den Kamerunschafen immer noch relativ groß ist, müssen diese nicht immer durch Einkreuzungen entstanden sein. Vielmehr kommen Rückschläge auf die noch größere Vielfalt in den Ursprungsländern und verdeckt vererbende Farben und Zeichnungen nach Generationen gelegentlich vor. Sie machen die Zucht dieser Rasse, wenn auch oft ungewollt, zu einem interessanten Abenteuer! Folgende nicht in der Rassebeschreibung des Zuchtvereins erwähnte, aber dennoch ab und zu vorkommende Farben sind z.B. wildfarbig und weiß.

Wildfarbig:

Wildfarbig gescheckter Jungbock

Wildfarbige Kamerunschafe ähneln der Stammform, dem Mufflon, noch am meisten. Sie sind in der Grundfarbe hell bis dunkel rotbräunlich mit mehr oder weniger schwarzen Stichelhaaren, dazu mit hellerer Unterseite und einer ausgeprägten hellen Zeichnung um die Augen und am Maul. Dieser ursprüngliche Farbschlag ist bei reinrassigen Kamerunern nur noch sehr selten anzutreffen.

Weiß:

Diese Tiere haben oftmals einen leicht cremefarbigen Anflug
bis hin zu reinem Weiß. Es kommen keinerlei Flecken und
Scheckungen in einer anderen Farbe vor. Ihnen wird allgemein
eine geringere Vitalität und eine größere Anfälligkeit
nachgesagt. Dies kommt daher, weil sie fälschlicherweise für
Albinos gehalten werden. Albinotische Tiere sind tatsächlich
empfindlicher als andere. Sie können keine Pigmente bilden
und besitzen daher auch rote Augen und eine farblose (rosa)
Haut mit weißem Haarkleid.
Doch nicht jedes weiße Tier ist ein Albino, und so sind auch
die weißen Kamerunschafe keineswegs albinotisch! Das
erkennt man schon an den normal dunkel gefärbten Augen und
dem häufig vorhandenen leichten cremefarbenen Touch.
Vielmehr sind sie vergleichbar mit anderen bekannten weißen
Schafrassen, z.B. weiße Heidschnucken, weiße Skudden,
weiße Bergschafe, Texelschafe, Moorschnucken und eine
große Zahl weiterer. Alle diese Rassen werden seit

Generationen gezüchtet, sind gesund, vital und leistungsfähig. Auch weiße Kamerunschafe haben durchaus die gleiche robuste Konstitution wie die anderen Farbschläge dieser Rasse.

Ältere Bilder aus den Ursprungsländern zeigen, dass diese Farbe bei den Kamerunschafen seit jeher vorkommt. Sie ist bei uns jedoch aus den genannten Gründen heraus eliminiert worden, einfach weil ein Kamerunschaf eben „nicht weiß zu sein hat", es also in diesem Fall als etwas Unnormales angesehen wurde. Die deshalb nur noch sehr selten auftretenden weißen Kamerunschafe finden dennoch ihrer Außergewöhnlichkeit und Attraktivität wegen gelegentlich begeisterte Liebhaber.

In der Bockgruppe: ein Weißer sticht immer heraus!

Das Verhalten

Wie bei anderen Schafen auch, wird das Verhalten der Kamerunschafe besonders durch ihren Herdentrieb geprägt. Dennoch scheint es, dass bei dieser Rasse das einzelne Individuum eine größere Selbständigkeit innerhalb der Herde besitzt. Kameruner weiden seltener in geschlossenem Verband, sondern neigen dazu, sich gruppenweise über die Weide zu verteilen, zumindest dann, wenn sie sich sicher fühlen. Auch ist ihr Weideverhalten lebhaft und zügig, sie streifen immer wieder über die ihnen zur Verfügung stehende Fläche und nutzen sie gut aus, wodurch eine schnelle und gründliche Abweidung garantiert ist.

Droht Gefahr oder erschrecken die Tiere, laufen sie sofort zusammen und bilden eine dicht geschlossene Phalanx, ganz wie es die Art von Schafen ist. Doch sobald sie in größere Erregung geraten, sei es durch einen Hund, durch Fangversuche oder zu starkes Treiben, spritzen sie blitzschnell auseinander und ergreifen einzeln oder in kleinen Gruppen die Flucht. Dadurch sind sie schwierig zu treiben. Das beste Mittel, Kamerunschafe dazu zu bewegen, dorthin zu gehen, wohin man sie haben möchte, besteht darin, dass ihr Schäfer ihnen mit einem Eimer voll Lockfutter vorangeht und sie ruft. Haben sie Vertrauen zu ihm, folgen sie ihm dann im Allgemeinen brav und anstandslos. Nur sollte man nicht stehen bleiben und sich zu oft nach ihnen umdrehen, das verunsichert sie! Stetig vorangehen, locken, ab und zu über die Schulter schauen, dann werden sie auch folgen! Und zügig sollte das ablaufen, Kameruner sind lebhaft und beweglich und haben es in solchen Situationen entsprechend eilig, an die Leckerchen zu kommen! Man muß dann ihren Vorwärtsdrang nutzen, um sie rasch an Ort und Stelle zu bringen.

Kamerunschafe gelten gemeinhin als eine Rasse, die noch sehr urtümlich geblieben ist und in ihrem Verhalten nicht beträchtlich von dem der Wildschafe abweicht. Das bedeutet, dass sie oft als scheu und schlecht handhabbar empfunden werden.

Wie so oft, ist auch hier das Wesen des Einzeltieres maßgebend, das sich zusammensetzt aus angeborenen Eigenschaften und Neigungen zum einen und zum andern aus den Erfahrungen, die es bisher gemacht hat. Kamerunschafe können durchaus zahm und zutraulich sein, ja sogar aufdringlich. Unsere beiden Leitschafe gehen sogar so weit, sich wie ein Hund an uns aufzurichten, wenn wir mit Futter zu ihnen kommen. Das kann durchaus auch einmal unangenehm sein! Aber ob handzahm oder eher scheu, Kamerunschafe sind generell aufmerksam, intelligent, reaktionsschnell, agil, geschickt und neugierig. Sie ähneln darin eher den Ziegen als anderen Schafen. Diese grundsätzlichen Eigenschaften machen es manchmal nicht einfach, mit ihnen umzugehen, wenn sie nicht so wollen, wie ihr Schäfer gerne möchte.

In unserer Herde haben wir sowohl zutrauliche als auch recht misstrauische Exemplare, die immer auf Abstand halten. Da das Leitschaf „Nora" und auch der Leitbock „Robyn" besonders zahm sind, ist es jedoch nicht schwierig, die Herde zu dirigieren. Die scheueren Tiere laufen dann mit. Im Allgemeinen sind dies zugekaufte, die von Anfang an scheu waren und nie ganz zutraulich wurden. Die bei uns geborenen Lämmer sind jedoch ausnahmslos umgänglich. Wir möchten keine „Streichelschafe", obwohl das mit manchen Exemplaren bei einiger Mühe durchaus möglich wäre. Es reicht aus, wenn die Tiere sich um uns versammeln und wir uns ruhig durch die Herde bewegen können, ohne dass die Schafe Fluchtintentionen zeigen. Hierzu ist noch zu bemerken, dass eine Herde besser zu managen ist als eine kleine Gruppe. Schafe in der Herde fühlen sich sicherer und sind aufgeschlossener, ansprechbarer als wenige Tiere, die dazu neigen, nervös und schreckhaft zu reagieren, da ihnen die Geborgenheit der Herde fehlt. Von daher sind 4 bis 5 Tiere das mindeste, und noch mehr ist immer besser.

Die Art des Umgangs mit den Tieren ist extrem wichtig und beeinflusst ihr Verhalten. Menschen, die sich ruhig bewegen, die Schafe ansprechen, sich öfter bei ihnen aufhalten und auch ab und zu Leckerbissen verabreichen, bekommen eher Kontakt zu ihren Tieren. Die Schafe lernen „ihre" Leute recht schnell kennen und zeigen sich ihnen gegenüber vertrauter als bei Fremden. Selbst in Anwesenheit von ihnen unbekannten Personen sind sie auch ihrem Halter gegenüber reservierter, als wenn sie mit ihm alleine sind.

Ein Fall für sich sind die männlichen Tiere. Die Böcke der Kamerunschafe neigen in der Regel nicht dazu, Menschen gegenüber aggressiv zu werden. Trotzdem sind im Umgang mit einem Bock gewisse Verhaltensregeln zu beachten. Im Allgemeinen zeigen sich die Böcke weniger ängstlich und sind eher bereit, auf Menschen zuzugehen. Nur besonders zahme

Exemplare, vor allem handaufgezogene, werden schon einmal zu frech. Das erste spielerische Stoßen bei den halbwüchsigen ist zwar noch harmlos. Dennoch darf man so etwas niemals durchgehen lassen, sondern muß dem Bock SOFORT mit der flachen Hand kräftig quer über das Gesicht schlagen, ihm eine Ohrfeige oder eine Maulschelle verpassen, damit das nicht einreißt! Es kann sein, dass diese Maßnahme noch einige Male notwendig ist, bevor der Jungbock von seinem unerwünschten Verhalten ablässt. Hat er sich das Stoßen erst einmal angewöhnt, wird es recht unangenehm und mit der Zeit sogar äußerst gefährlich! Dies umso mehr, weil Kamerunböcke besonders flink und behände sind und blitzschnell von hinten und von der Seite angreifen können.

Weiterhin sollte ein zahmer Bock niemals am Kopf oder an den Hörnern gestreichelt werden! Das verleitet ihn zum Stoßen, weil er dies als Aufforderung zu einem Kampfspiel versteht. Stattdessen kann man ihm das Kinn kraulen, die Brust, die Schultern und die Kruppe. Unser Leitbock „Robyn" hat es besonders gern, wenn ich sein Maul sanft in die Hand nehme und streichle, dann hält er eine Weile ganz still. Auch genießt er es, sich im Frühjahr das lose Winterfell auszupfen zu lassen.

Noch ein Wort zu den Kastraten: in Liebhaberkreisen wird die Kastration des Bockes immer häufiger durchgeführt, weil man glaubt, durch diese Maßnahme ein umgänglicheres Tier zu bekommen. Dies trifft nur dann zu, wenn der Bock jung, also noch vor der Geschlechtsreife kastriert wurde. Allerdings sehen solche Böcke nicht besonders hübsch aus. Ihnen fehlt das markante Gepräge, da sie keine Mähne bilden und nur verkümmerte Hornstummel ansetzen. Bei einem älteren, nach der Geschlechtsreife kastrierten Bock dagegen bleibt das männliche Aussehen erhalten, aber auch sein Verhalten ändert sich nicht grundlegend, vergleichbar mit den bekannten „Hengstmanieren" spät kastrierter Wallache. Bei diesen Tieren ist eine Kastration zwecks Verhaltenskorrektur also sinnlos. Aggressive Böcke z.B. werden aggressiv bleiben, egal ob als Bock oder als Hammel! Am sinnvollsten erscheint eine Kastration nur dann, wenn kein Nachwuchs in der Herde mehr gewünscht wird, der Bock aber bei seinen Schafen bleiben soll.

Adulter Bock, schwarz gescheckt und Jungbock, Extremschecke braunmarken

Kauf und Transport

Hat man sich entschlossen, einige Kamerunschafe anzuschaffen, steht die Suche nach einem guten Züchter des gewünschten Farbschlages an. „Gut" bedeutet hier nicht unbedingt der nächstliegende und auch nicht der preisgünstigste. „Gut" bedeutet gesunde, reinrassige Tiere aus artgerechter Haltung, die entwurmt, klauengepflegt, frei von körperlichen Mängeln und im Falle von Absatzlämmern nicht zu jung, also mindestens 4 Monate alt sind. Bezugsquellen sind über den „Verein der Kamerunschafzüchter und –halter e.V." zu erfahren, außerdem über Angebote im Internet. Auch im Anzeigenteil der Zeitung kann man fündig werden. Zoos und Tierparks, die Kamerunschafe halten, sind ebenfalls meist bereit, den Nachwuchs an Privatleute zu verkaufen.

Wie erkennt man als Laie aber eine gute Bezugsquelle bzw. ob die angebotenen Tiere in Ordnung sind? Hier kann man sich einem Schaf-Fachmann anvertrauen, der beim Kauf begleitet und zumindest gewährleisten kann, dass die ausgewählten Exemplare gesund sind. Ist er allerdings nicht gerade ein Kamerun-Spezialist, kann er oft nicht erkennen, ob es sich um reinrassige Tiere oder um Kreuzungen handelt. Deshalb sollte man selbst zumindest so ungefähr entscheiden können, ob gute Tiere angeboten werden oder nicht. Mit der Zeit wird man einen Blick dafür bekommen.

Welches sind nun die Merkmale für ein reinrassiges, gesundes Kamerunschaf? Zuerst einmal ein glänzendes, glattes Fell frei von Wolle und lockigen Kräuselungen, das nicht struppig und zottig wirkt, es sei denn während des Haarwechsels im Frühjahr. Auch Kameruner des großen, kompakten Typs sollten verglichen mit den meisten bei uns üblichen (Fleisch-) Rassen eher klein und zierlich erscheinen. Augen, Maul, Nase und After müssen sauber, ohne Absonderungen und keineswegs verklebt sein. Der Gesamteindruck sei aufmerksam, lebhaft und agil, keinesfalls träge oder langsam in den Bewegungen. Ein gerader Rücken und ein gut ausgefüllter Rumpf ohne eingefallene Flanken sind ebenfalls wichtig. Gesunde Schafe sind stets an Futter interessiert und weiden ausgiebig. Der Kot sollte fest, trocken und kugelförmig sein, etwas über erbsengroß.

Der Kauf von Kamerunschafen auf Vieh- oder Pferdemärkten ist generell weniger zu empfehlen. Hier kann man viele der oben aufgelisteten Punkte nicht erkennen, vor allem nicht, „aus welchem Stall" die Tiere kommen, d.h. wie ihre normale Unterbringung zu Hause aussieht. Sie sind gestresst durch den Transport, die fremde Umgebung und die enge Unterbringung und zeigen sich deshalb auch nicht natürlich. Und außerdem: während ein Züchter auch in Zukunft bei auftauchenden Problemen für Rückfragen zur Verfügung steht, besteht diese Möglichkeit bei einem Händler nur selten.

Hat man sich schließlich für einige Tiere entschieden, gibt es verschiedene Arten des Transports. Eines oder wenige Schafe kann man im eigenen Fahrzeug transportieren, sofern man einen Laderaum hat. In einem Kombi oder mit zurück geklapptem Rücksitz bei einem Kleinwagen lässt sich genügend Platz schaffen. Eine Plane darunter gelegt, am besten mit Strohaufschüttung, ergibt eine bequeme Transportmöglichkeit für die neuen Mitbewohner. Am stressfreiesten ist es, die Schafe mittels Halsband und festem Strick kurz anzubinden, falls kein Hundeschutzgitter zur Verfügung steht. So können sie aufstehen und sich hinlegen und werden während der Fahrt relativ ruhig bleiben, ja vielleicht sogar interessiert aus dem Fenster schauen. Die leider häufig anzutreffende Methode, einem Schaf zum Transport die Läufe zusammenzubinden, damit es nicht aufstehen kann, und es so gefesselt in den Kofferraum zu legen, ist grobe Tierquälerei! Die Stricke schneiden ein bei den heftigen Versuchen, aufzustehen, denn die meisten Schafe werfen sich dabei unruhig und blökend hin und her.

Zum Transport einzelner Tiere ist eine große(!) mit Stroh ausgelegte Hundebox zu empfehlen. Hier ist das Schaf in jedem Fall sicher untergebracht.

Am besten ist natürlich der Transport mit einem Viehanhänger, der ebenfalls mit Stroh ausgestreut sein sollte. Aber welcher „Nur-Hobby-Halter" von Kamerunschafen besitzt so etwas schon oder kennt wenigstens jemanden, der einen hat und bereit ist, mitzufahren?

Jährlingsböcke, weiß und Extremschecke braunmarken

Die Unterbringung von Kamerunschafen

Kamerunschafe gelten landläufig als hart und anspruchslos, und das trifft im Wesentlichen durchaus zu. Dennoch stellen auch sie gewisse Mindestanforderungen an die Haltung, sollen sie gut gedeihen und ihren Menschen Freude bereiten. Als Schafrasse, die ursprünglich aus den Tropen stammt, sind bei ihnen zudem noch zusätzliche Bedürfnisse zu beachten.

Schafe gehören auf die **Weide** und in die Herde! Alles andere ist Tierquälerei. Dies trifft auch für Kamerunschafe zu. Eine Weide ist also die Voraussetzung für ihre Haltung. Sie muß auf trockenem Gelände liegen und darf keinesfalls sumpfig sein. Selbst wenn sie nur periodisch vernäßt ist, kommt sie für die Haltung von Kamerunschafen nicht in Frage. Andere Rassen wie Moorschnucken und Skudden können mit solchen Bedingungen notfalls zurechtkommen, sofern sie trockene Plätze zum Ausruhen vorfinden, aber unsere Afrikaner sind da schon empfindlicher! Man unterscheidet je nach Management zwischen einer Standweide und einer Umtriebsweide.

Die Standweide ist ein nicht unterteiltes Weideland, auf dem die Schafe die meiste Zeit des Jahres verbringen. Sie muß groß genug sein, um nicht völlig kahl gefressen zu werden und auch, damit der Parasitendruck nicht zu groß wird. Diese beiden Punkte bezeichnen schon den Nachteil einer Standweide: bei dieser Form lässt es sich auf Dauer nicht vermeiden, dass je nach jahreszeitlichem Aufwuchs entweder eine Unter- oder eine Überbeweidung stattfindet, wenn die Tierzahl nicht ständig den Verhältnissen angeglichen wird. Das Gras wächst nicht das ganze Jahr hindurch gleichmäßig. Im Mai ist der Nährstoffgehalt des Grases am größten und das Wachstum am stärksten, schwächt sich dann allmählich ab, um etwa im Juli zu einem Tiefpunkt zu kommen. Danach folgt wieder eine Periode stärkeren Wachstums, das zum Winter hin fast ganz zum Erliegen kommt, bis es etwa ab März wieder auflebt. Dies sind lediglich grobe Richtwerte, sie schwanken je nach Klima, Höhenlage, Exposition und Boden mehr oder weniger. Je nachdem können mehr oder weniger Tiere auf der gleichen Fläche satt werden.

Der andere Nachteil einer Standweide ist die stärkere Verseuchung mit Innenparasiten, im Wesentlichen mit Eingeweidewürmern. Die Tiere weiden ständig auf derselben Fläche, wobei sie die von ihnen abgegebenen Parasiteneier kontinuierlich wieder aufnehmen. Bei einer längeren Weidepause würden diese absterben und wirken dann nicht mehr ansteckend. Hier muß häufiger eine Wurmkur durchgeführt werden.

Die Umtriebsweide hat demgegenüber viele Vorteile. Sie besteht nicht aus einem Stück, sondern ist in mehrere Parzellen aufgeteilt. Wenigstens zwei, besser drei und noch mehr Parzellen werden hierbei im Wechsel beweidet. Dadurch werden kürzere Nutzungs- und längere Ruhezeiten des Weideaufwuchses erreicht. Während die Tiere eine Fläche beweiden, kann sich das Gras auf den anderen inzwischen erholen. Der Parasitendruck ist geringer, und je nach Anzahl der Tiere und der Wuchskraft der Vegetation können die Wechsel mehr oder weniger rasch erfolgen.

Wie viele Tiere kann man nun pro Flächeneinheit halten, bzw. wie viel Weidefläche braucht man für eine bestimmte Anzahl von Tieren? Wie aus den vorhergehenden Erläuterungen zu entnehmen ist, kann diese Frage nicht pauschal beantwortet werden. Ein allgemeiner Richtwert sind 2 Mutterschafe mit Nachwuchs pro 1000 qm. Daraus ergibt sich, dass für eine artgerechte Haltung von wenigstens 4 Schafen nur eine Grünlandfläche in Frage kommt, die mindestens 2 000 qm groß ist. Je nach der Stärke des Aufwuchses und der Regenerationsgeschwindigkeit der Weidefläche kann dies jedoch stark abweichen. Auf extrem nährstoffreichen Böden in milder Lage dürfen es auch schon einmal 3 Mutterschafe/1000 qm sein, während auf leichten Sandböden mit karger Grünlandvegetation bereits 1 Mutterschaf/1000 qm zuviel sein kann. Dabei kommt es durchaus auch auf die Rasse an! Bei anspruchslosen, relativ kleinwüchsigen Rassen wie das Kamerunschaf kann auch schon einmal ein Muttertier mehr pro Flächeneinheit gerechnet werden.

Je nach den örtlichen Bedingungen wachsen unterschiedliche Arten von Gräsern und Kräutern auf der Weide, die sich sehr in ihrem Nährstoffgehalt und in der Wuchskraft unterscheiden. Eine genaue Angabe zur Anzahl der Tiere pro Flächeneinheit ist daher nicht möglich, zumal dieser Wert auch noch jahreszeitlich variiert. Hier ist das Auge des Schäfers gefragt. Erscheinen die Tiere mager und hungrig, muß bei Bedarf mit Heu zugefüttert oder der Tierbestand reduziert werden. Für eine Hobbyhaltung ist überständiger Aufwuchs, der später zu Zeiten spärlicheren Wachstums meist doch noch abgefressen wird, nicht so schlimm wie eine Überbeweidung. Allerdings fressen die Schafe an mit ihrem Kot verunreinigten Stellen kaum noch, weshalb dort das Gras stehen bleibt. Auch Brennesseln und Disteln werden nur an den Triebspitzen verbissen, aber nicht abgefressen. Hier muß man durch eine Mahd mit der Sense nachhelfen, weil diese Weideunkräuter sonst rasch überhand nehmen. Das Schnittgut kann man liegenlassen, weil Schafe nach einigen Tagen die angewelkten und trockenen Brennesseln und Disteln sogar sehr gern aufnehmen.

Ansonsten ist festzuhalten, dass das Kamerunschaf als eine extrem anspruchslose Rasse auch bei mageren Weideverhältnissen sehr gut gedeiht, solange die Futtergrundlage ausreichend ist. Zumindest im Sommerhalbjahr können die Kameruner ihre Qualitäten in dieser Hinsicht voll ausnutzen.

Die **Umzäunung** besteht in den meisten Fällen aus Schafknotengitter. Hiervon gibt es verschiedene Höhen. Für Kamerunschafe nicht geeignet sind solche mit lediglich 90 cm Höhe. Schwere Fleischrassen lassen sich wohl darin halten, aber für Kameruner ist es ein leichtes, sogar ohne Anlauf mal „so eben" darüber zu hüpfen! Aus diesem Grunde sollte der Zaun schon eine Höhe von über einem Meter aufweisen. Für eine Außenumzäunung an viel befahrenen Straßen ist ein Wildschutzzaun von 1,40 m Höhe sogar noch besser. Im Normalfall bleiben die Schafe auch bei niedrigeren Zäunen innerhalb ihrer Umgrenzung, aber wenn sie aus irgendeinem Grund in Panik geraten sollten, wird man erstaunt sein, wie hoch Kamerunschafe springen können …

Auch Zäune aus Holz sind gut geeignet, aber teuer. Sowohl als Hürden mit horizontal verlaufenden Latten (Vorsicht! Der Lattenabstand muß eng genug sein!) als auch als

Senkrechtzäune sind sie brauchbar. Sollte man die Möglichkeit haben, günstig an Holz heranzukommen, ist eine solche Variante zu empfehlen.

Nicht geeignet zur ständigen Haltung sind dagegen Elektrozäune aller Art. Für eine Unterteilung innerhalb der Koppel oder für eine kurzfristige Beweidung nicht eingezäunter Grünlandflächen können sie genutzt werden. In diesem Fall muß aber eine häufige Kontrolle gewährleistet sein! Es kann immer wieder vorkommen, dass sich Tiere im Zaun verfangen oder ihn trotz Stromführung in Panik niederreißen oder überspringen. Da Kamerunschafe geschickt und auch rasch flüchtig sind, ist bei ihnen die Gefahr solcher Unfälle besonders hoch!

Normale Maschendrahtzäune eigenen sich nicht für eine dauernde Abgrenzung. Sie werden schnell an einigen Stellen schadhaft, und die Schafe merken das bald und helfen nach, indem sie Löcher vergrößern oder sich einfach unten hindurchzwängen. Überhaupt muß auch bei Knotengitter darauf geachtet werden, dass der Zaun überall fest auf dem Boden anliegt und auch unten straff gespannt oder mit Haken in der Erde befestigt ist. Kamerunschafe heben ihn sonst gern mit dem Kopf an und schlüpfen mit der Zeit durch!

Wichtig ist in diesem Zusammenhang auch die **Unterkunft** für die Schafe, befindet sie sich doch im Normalfall auf oder dicht bei der Weidefläche. Wie sie beschaffen sein muß, hängt wiederum von den örtlichen Gegebenheiten ab.

Das Mindeste, was Kamerunschafe brauchen, ist ein an drei Seiten geschlossener, trockener und zugfreier Unterstand, in dem alle Tiere ausreichend Platz haben. Im Winter sollte er dick mit Stroh ausgestreut werden. Auch der Boden im und um den Unterstand, besonders auch der Eingangsbereich muß

trocken sein, bedarfsfalls mit Schotter drainiert, mit
Steinplatten ausgelegt oder betoniert. Kameruner entwickeln
ein dichtes Winterfell und sind bei uns durchaus kältetolerant,
aber sie sind empfindlich gegen Nässe und Morast! Ihre
Klauen sind sehr empfänglich für Moderhinke, und ständige
Feuchtigkeit besonders im Winter halten sie nicht aus.
Unterstände, die diese Bedingungen nicht erfüllen, kommen
für die Überwinterung von Kamerunschafen nicht in Betracht,
selbst wenn andere Schafe damit durchaus klarkommen
mögen. Bei Heidschnucken oder Skudden z.B. genügt bereits
ein einseitig geschlossener und überdachter Wetterschutz.
Doch sogar das dichte Winterfell der Kameruner ist
hinsichtlich Wetterfestigkeit nicht mit dem Vlies unserer
heimischen Wollschafrassen zu vergleichen!

Am besten geeignet ist für Kamerunschafe im Winter ein
geschlossener, zugfreier Stall, optimal mit Betonvorplatz. Hier
müssen alle Tiere der Herde genügend Raum finden, um
ungestört in der Stroheinstreu auszuruhen. Idealerweise sollte

der Stall bei Bedarf unterteilt werden können. Mütter mit neugeborenen Lämmern und kranke Schafe können so individuell betreut werden. Ob fest eingebaute Boxen oder abnehmbare Elemente wie Schafhürden, Holzzäune und ähnliches zur Abtrennung gewählt werden, bleibt den gegebenen Umständen und dem Belieben des Halters überlassen. Nur fest und stabil muß alles sein! Weiterhin sollte der Stall hell genug sein und für ein gutes Stallklima einen ausreichenden Luftaustausch gewährleisten, damit es nicht zur Bildung von Schwitzwasser kommt.

Nicht nur im Winter, sondern auch im Sommer muß ein Stall oder Unterstand immer erreichbar sein. Bei Regengüssen suchen die Tiere gern ein schützendes Dach auf, und auch bei großer Hitze müssen sie die Möglichkeit haben, in den kühlenden Schatten zu gehen. Obwohl sie aus Afrika stammen, sind Kamerunschafe dennoch erstaunlich wenig hitzetolerant. Zudem leiden sie ziemlich unter Fliegen und Mücken, die die Weidetiere belästigen. Sie laufen dann unruhig mit tief gehaltenem Kopf in den nächsten Schatten und schlagen mit den Läufen nach den Plagegeistern.

Eine Heuraufe, die lang genug ist, um allen Tieren beim Fressen gleichzeitig Platz zu bieten, sollte im Unterstand bzw. im Stall nie fehlen. Notfalls müssen mehrere Raufen angebracht werden.

Die Fütterung

Schafe gehören zu den Wiederkäuern. Diese Tiere sind Nahrungsspezialisten mit einem hoch entwickelten und daher empfindlichen Verdauungssystem. Von Natur aus sind sie darauf eingestellt, zellulosereiches und nährstoffarmes Grünfutter zu verwerten, in erster Linie Gräser und Kräuter. Zu diesem Zweck wird das Futter im Pansen vorverdaut und beim Wiederkäuen wieder hoch gewürgt, um noch einmal durchgekaut und so besser aufgeschlossen werden zu können.

Die natürliche Art der Futteraufnahme besteht im Grasen, weshalb Schafe unbedingt Zugang zu Grünland brauchen. Zusätzlich zur Weide kann ihnen **Heu** zur beliebigen Aufnahme in einer Raufe zur Verfügung gestellt werden. In der kalten Jahreszeit ist gutes Heu die Hauptnahrung. Es muß grünlich sein, trocken, frei von Schimmel und Faulstellen, aromatisch riechend und keinesfalls strohig, d.h. gelblich mit einem hohen Anteil von verholzten Halmen. Solch grobes Heu ist in der Regel zu spät geerntet worden und hat den größten Teil seiner Nährstoffe bereits verloren. Leider ist es heutzutage mancherorts schwierig geworden, geeignetes Heu für Schafe zu bekommen. Da die Haltung von Pferden stark zugenommen hat, ist die Heugewinnung oft nur noch auf die Bedürfnisse dieser Tiere zugeschnitten. Pferdeheu ist jedoch für Schafe zu grob. Sie lassen einen Großteil davon ungefressen zu Boden fallen und suchen sich nur die zartesten Halme heraus. Aber wenn man einen Betrieb findet, der Rinder hält und diese nicht nur mit Silage, sondern auch mit Heu füttert, ist dieses Heu im Normalfall auch für die Schafe geeignet. Hiervon kann ihnen jederzeit eine beliebige Menge zur Verfügung stehen, soviel sie davon fressen mögen.

Am preisgünstigsten ist Heu direkt von der Wiese, so dass es sich lohnt, den Vorrat für den Winter schon vor der Ernte zu bestellen und sich anliefern zu lassen. Das bedeutet, dass ein geeigneter Bergeraum vorhanden sein muß, wo das Heu luftig, aber trocken gelagert werden kann.

Auch Silage ist in der Regel ein geeignetes Futter für Schafe, doch muß man bei der Verabreichung vorsichtig sein. Sobald ein Ballen davon einmal geöffnet ist, muß er in 3 bis 4 Tagen verbraucht werden, weil Silage ansonsten anfängt zu faulen. Da Schafe meistens in kleineren Beständen gehalten werden, ist das normalerweise nicht zu bewerkstelligen.

Als Erhaltungsfutter im Winter reicht Heu in der Regel vollständig aus. Gleichzeitig muß noch jederzeit genügend sauberes Trinkwasser zur Verfügung gestellt werden, da bei der Trockenfütterung die Wasseraufnahme erhöht ist. Auch ein Mineralstein für Schafe ist notwendig, um ihren Organismus mit im Heu nicht enthaltenen, aber lebenswichtigen Mineralien und Spurenelementen zu versorgen. Nur wenn im Winter Lämmer geboren werden, brauchen die Mutterschafe eine gehaltvollere Kost. Zusätzlich wird dann etwas Kraftfutter gegeben. Das kann z.B. Quetschhafer sein, pelletiertes Schaffutter, Sojaschrot, Gerste, zerstückelte rohe Kartoffeln und auch etwas trockenes Brot. Wichtig ist, dass dieses Kraftfutter nie als Hauptnahrung, sondern immer nur zusätzlich in kleinen Mengen gegeben wird, sonst kommt es schnell zu Störungen im empfindlichen Verdauungssystem, weil dies im Gegensatz zu Heu keine artgerechte Nahrung für Schafe ist. Weiterhin sind klein geschnittene Futtermöhren und aufgeweichte Rübenschnitzel sehr begehrt, wenn frisches Gras draußen auf der Weide fehlt.

Außerdem werden von den Schafen auch Obst (vor allem Äpfel) und vielerlei Baumfrüchte, besonders Eicheln, sehr gern gefressen. Solange sie es als Fallobst auf der Weide frei aufnehmen können, fressen sie schon nicht zuviel davon, so dass sie es meistens gut vertragen. Nur größere Mengen auf einmal sollte man ihnen auch hiervon nicht anbieten.

Allgemein wenig bekannt ist erstaunlicherweise, dass Schafe auch gern Zweige von Bäumen und Sträuchern verbeißen, vor allem dann, wenn sie belaubt sind. Dabei machen sie auch vor Nadelbäumen durchaus nicht immer Halt. Besonders Kamerunschafe scheinen den Ziegen in ihrer Vorliebe für Gehölze fast schon Konkurrenz zu machen! In den Blättern, Trieben, Zweigen und der Rinde befinden sich vielerlei Mineralstoffe und Spurenelemente, die wichtig sind zur vollwertigen Ernährung. In früheren Zeiten, als noch überwiegend Waldweide betrieben wurde und das Vieh in den Wäldern gehütet wurde, war dies allgemein bekannt. Oft sammelte man da laubtragende Zweige von Bäumen und Sträuchern und auch Zweige von Nadelholz und hängte sie zum Trocknen als Winterfutter auf. Aber Achtung, keine Gehölzarten verfüttern, die man nicht kennt! Die Eibe ist z.B. hochgiftig, und nur der Genuß einer kleinen Triebspitze dieses Nadelgehölzes kann schon den Tod eines Schafes verursachen! Am besten informiert man sich vorher darüber.

Die meisten heimischen Laubgehölze wie Hasel, Weide, Birke, Buche und Eiche sind jedenfalls ungefährlich und werden gern genommen, desgleichen auch Tanne, Fichte und Kiefer. Kamerunschafe freuen sich auch über ausrangierte Weihnachtsbäume und fressen diese fast bis auf den Stamm ab. Voraussetzung ist natürlich, dass die Bäume nicht chemisch behandelt sind und keine Reste vom Weihnachtsschmuck mehr zwischen den Zweigen stecken (z.B. Lametta!).

Im Vergleich mit anderen Schafrassen, wie z.B. den gleich großen und schweren Skuddenschafen, nimmt das Kamerunschaf zumindest im Winter eine größere Futtermenge auf. Zu dieser Zeit ist es vergleichsweise anspruchsvoller in Qualität und Menge des Futters, weil es in der kalten Jahreszeit einen höheren Energiebedarf hat als die bei uns üblichen Wollschafrassen, die durch ihr Vlies besser vor der Witterung geschützt sind. Menschen, die früher einmal andere

Schafe gehalten haben, werden sich wundern, was die relativ kleinen Kameruner dann so alles wegputzen können!

Überwiegend weißes braunmarken geschecktes Lamm

Fortpflanzung und Zucht

Alle Jungtiere sind reizend, aber die Lämmer von Kamerunschafen sehen derart „bambihaft" aus und haben dieses gewisse, kecke und doch unschuldige Etwas, so dass man sofort von ihnen eingenommen wird! Stundenlang könnte man ihren Spielen und Kapriolen zusehen! Dennoch muß genau überlegt werden, ob eine Zucht überhaupt empfehlenswert ist. Was geschieht mit dem Nachwuchs, wenn er der mütterlichen Obhut entwachsen ist? Zwar sind Kamerunschafe inzwischen eine bekannte und beliebte Rasse, aber gerade deswegen, weil sie so häufig sind, könnte es schwierig werden, Käufer für die Lämmer zu finden. Besonders auf die braunmarkenfarbigen trifft dies zu, doch auch andere, seltenere Farben gehen nicht unbedingt weg „wie warme Semmeln"!

Ein dunkles Kapitel bei der Haltung von Kamerunschafen ist ihre häufig unsachgemäße Unterbringung und Ernährung.

Kann man es verantworten, Lämmer in die Welt zu setzen, wenn sie später auf irgendeinem Hinterhof enden? Züchtet man nicht nur aus Freude an der Sache, sondern auch zum Schlachten, stellen sich diese Fragen natürlich nicht. Doch ansonsten sollte man bedenken, was aus den Lämmern wird, die man liebevoll aufgezogen und zu denen man ein besonderes Verhältnis hat. Da ist es schon besser, auf Nachwuchs zu verzichten und die weiblichen Schafe nur mit kastrierten Böcken zusammen zu halten oder sich nur Auen bzw. nur Böcke anzuschaffen!

Selbst wenn man nicht den Ehrgeiz hat, Kamerunschafe zu züchten, sollte man über ihre **Fortpflanzungsbiologie** Bescheid wissen. Zum einen ist dies für eine tiefer gehende Kenntnis dieser Rasse wichtig, zum anderen können ansonsten unangenehme Überraschungen passieren!

Im Gegensatz zu manchen heimischen Rassen, die nur im Herbst brünstig sind, ist die Brunst des Kamerunschafes asaisonal. Das bedeutet, es kann jederzeit brünstig werden, so dass auch rund ums Jahr Lämmer geboren werden können. In den Tropen fehlt ein ausgeprägtes Jahreszeitenklima, und daher war dort eine streng saisonale Brunst nicht von Bedeutung, so dass diese Anlage des Wildschafes verloren gegangen ist.

Ein Mutterschaf trägt etwa 150 Tage, also ziemlich genau 5 Monate. Es bringt dann ein bis drei Lämmer zur Welt. Sobald der Nachwuchs drei Monate alt ist, kann das Mutterschaf bereits wieder erneut brünstig werden, in seltenen Fällen sogar schon früher! Auf diese Weise kommt es in der Regel innerhalb von 2 Jahren zu 3 Ablammungen. Die Lämmer wiederum sind oftmals extrem frühreif. Das weibliche Lamm wird manchmal bereits mit 5 Monaten erstmals brünstig, während die Böckchen in seltenen Fällen sogar schon mit etwas über 3 Monaten zeugungsfähig sind! Normal ist allerdings bei weiblichen Tieren die Geschlechtsreife mit 6 bis 7 Monaten und bei Böcken mit 4 bis 5 Monaten. Außer von der individuellen Veranlagung hängt sowohl der Eintritt der Geschlechtsreife als auch die erneute Brunst des Mutterschafes stark von den Umweltbedingungen ab. Auf fetter Weide oder mit reichlich Kraftfuttergaben sind die Tiere im Allgemeinen früher soweit als auf kargen Weiden mit lediglich Heufütterung.

Es kann also passieren, dass ein zugekauftes weibliches Absatzlamm bereits tragend ist, wenn sich ein Bock in der

Herde des Verkäufers befand. Ebenso ist es möglich, dass die Lämmer führenden Mutterschafe erneut gedeckt werden, obwohl kein erwachsener Bock dabei ist. In dieser Hinsicht muß man ein wachsames Auge auf den männlichen Nachwuchs haben! An sich sollten die Lämmer mindestens 4 bis 5 Monate bei der Mutter bleiben. Bis zu 6 Monaten gibt sie noch Milch, und dies ist für das gesunde Aufwachsen sehr förderlich. Lämmer, die zu früh entwöhnt werden, bleiben meist in der Entwicklung zurück und werden oft zu Mickerlingen. Sollten sie bereits mit 3 Monaten abgesetzt werden müssen, brauchen sie auf jeden Fall gehaltvolle Weide und Kraftfuttergaben zusätzlich!

Das asaisonale Brunstverhalten trägt dazu bei, dass die Mutterschafe durch die häufige Geburtenabfolge mit der Zeit geschwächt und früh verbraucht werden. Auch die Lämmer sind nach einigen Durchgängen immer weniger vital. Es ist also besser, ab und zu eine Zuchtpause einzulegen, indem der Bock zeitweise aus der Mutterschafherde entfernt wird. Optimal und den natürlichen Verhältnissen entsprechend ist eine nur einmalige Lammung im Jahr, am besten im Spätwinter bis zum Frühjahr. Wenn der Bock ab September/Oktober zur Herde gebracht wird, ergibt sich das in der Regel von selbst.

Bei uns bleiben die Böcke vom Herbst bis zu etwa drei Monate nach den Ablammungen in der Herde. Danach kommen sie den Sommer über auf eine separate Weide. Diese muß räumlich von der Weide der Mutterschafe entfernt liegen, so dass sich die Tiere weder sehen noch hören können, da die Böcke sonst sehr unruhig sind und auszubrechen versuchen. Ansonsten vertragen sich mehrere Böcke zusammen ausgezeichnet, wenn sie sich kennen und die Rangordnung feststeht, auch in einer Herde mit weiblichen Schafen. Neuzugänge etablieren sich entweder aus dem Nachwuchs, oder es werden Jungtiere dazugekauft. Diese ordnen sich reibungslos in die Bockgruppe ein. Kommen dagegen erwachsene Böcke dazu, gibt es in der Regel schwere Kämpfe.

Die Böcke rangeln spielerisch miteinander und „lassen Dampf ab". Dabei kommt es nur selten zu Verletzungen. Im Herbst wird jeder Bock mit den ihm zugedachten weiblichen Schafen auf eine Weide für sich gebracht. Sobald nach etwa 2 Monaten alle Schafe gedeckt sind, werden sie wieder zu einer einzigen gemischten Herde vereint. Dann kommt es zu härteren Kämpfen unter den Altböcken, die aber nach ein bis zwei Tagen beendet sind. Im Normalfall bleibt die bisherige Rangordnung bestehen, da die Tiere sich sogar noch nach Jahren wieder erkennen.

Die **Geburt** erfolgt bei unserer Rasse in der Regel problemlos. Bei Beginn der Wehen scharrt die Mutter mit dem Vorderlauf an einer Stelle, von der sie sich nicht mehr entfernt. Zu diesem Zeitpunkt hat sie sich etwas von der Herde abgesondert und möchte auch sonst ihre Ruhe haben. Mutter und Lamm brauchen Zeit, sich miteinander zu beschäftigen und sich gegenseitig kennen zu lernen. Diesen sensiblen Vorgang sollte man auf keinen Fall stören! Auch gut gemeintes ständiges Nachschauen selbst des vertrauten Halters ist von Übel. Das Mutterschaf ist dann angespannt, verkrampft sich, und eine Schwergeburt kann die Folge sein. Bei einer Geburt auf der Weide sollte man lediglich von weitem zuschauen, im Stall nur alle halbe Stunde einmal diskret nach dem rechten sehen, ohne das Mutterschaf zu beunruhigen. Je weniger es gestört wird, desto besser wird es mit allem fertig, selbst wenn die Geburt etwas schwieriger sein sollte. Kamerunschafe sind gute Mütter, die ihre Lämmer sorgsam behüten. Auch erstgebärende machen in dieser Hinsicht kaum Probleme.

Sollte die Geburt einmal nicht weiter vorangehen, weil das Lamm stecken geblieben ist, oder bei anderen Komplikationen während oder nach der Geburt (Nachgeburtsverhaltung, Scheidenvorfall etc) muß umgehend der Tierarzt gerufen werden. Glücklicherweise kommt dies bei Kamerunern eher selten vor.

Mütter mit neugeborenen Lämmern sollten nach vollständig abgeschlossener Geburt in eine gut eingestreute Box für sich gebracht werden, wo sich die Mutter-Lamm-Bindung festigen kann. Hier haben sie die ersten 2 bis 4 Tage Ruhe, und die Mutter kann mit etwas Kraftfutter extra gefüttert werden. Lämmer in diesem frühen Alter haben noch ein großes Schlafbedürfnis. Gesunde Lämmer finden trotz anfänglicher Ungeschicklichkeit schnell zum Euter, und die Mutter hilft ihnen dabei, indem sie sich ihnen entgegenstreckt und sie sanft mit der Nase in die richtige Richtung schubst. In den ersten Tagen dürfen sie jederzeit trinken, wann immer und so lange sie wollen. Die Aufnahme der ersten Milch (Biestmilch) ist wichtig, enthält sie doch Immunstoffe, die das Lamm braucht, um gesund aufwachsen zu können! Später rationiert die Mutter das Säugen, indem sie sich dem Lamm entzieht, wenn sie genug hat, und schließlich darf es nur noch dann trinken, wenn sie es mit einem bestimmten Laut dazu auffordert.

Nach den ersten Tagen, wo sie hauptsächlich trinken und schlafen, werden Kamerunlämmer ausgesprochen munter! Nun dürfen sie mit der Herde hinaus, Spielgefährten kennen lernen und mit ihnen herumtollen. Es ist eine Freude, ihren wilden Spielen zuzusehen! Aber die Mutter weiß auch, wann ihr Nachwuchs Ruhe braucht, hält sich dann ein wenig abseits und grast in der Nähe ihres schlafenden Lammes. Sie drängt es nicht zum Aufstehen, es sei denn, etwas Beunruhigendes nähert sich. Dann ruft sie es zu sich, oder sie geht zu ihm und stupst es mit der Nase an.

Viele Kamerunlämmer werden im Spätwinter geboren, wenn es noch sehr kalt sein kann! Darüber braucht man sich keine Sorgen zu machen. Ist das Lamm gesund und trinkt, bleibt es von selbst warm. Voraussetzung ist allerdings, dass es jederzeit einen geschützten, trockenen, gut eingestreuten und zugfreien Stall aufsuchen kann. Nässe und Zugluft sind viel schlimmer als trockene Kälte! Bei extrem schlechtem Wetter und in der Nacht sollten die Mütter mit kleinen Lämmern ohnehin besser im Stall bleiben. Deshalb ist es vorteilhaft, für diese Zwecke ein gesondertes geräumiges Stallabteil zur Verfügung zu haben.

Der Bock oder die Böcke sind in der Regel vorsichtig im Umgang mit Lämmern und tun ihnen nichts, sie kümmern sich aber auch nicht sonderlich um sie. Gebärende Mutterschafe werden von manchen Böcken sogar abgeschirmt. Jüngere Böcke, die noch nicht viel Erfahrung haben, neigen manchmal dazu, das Mutterschaf zu treiben, weil sie glauben, es sei wieder brünstig. Sie werden dann vom Leitbock auf Abstand gehalten.

Nun noch einige Anmerkungen zu der **Vererbung** der Farben bei Kamerunschafen. Die Voraussetzung jeder Zucht sind Tiere, die gesund, vital und in den Proportionen ansprechend sind. Welchen Farben der Vorzug gegeben wird, ist letztendlich Geschmackssache. Aus der reichhaltigen Palette dürfte für jeden etwas dabei sein. Doch so selten viele der beschriebenen Farben sind, so wenig ist auch über ihre Vererbung bekannt! Gewöhnlich fehlte wohl einfach das Interesse, sich mit diesem speziellen Gebiet zu beschäftigen. In der veröffentlichten Literatur ist daher kaum etwas über dieses Thema zu finden. Aus diesem Grunde muß ich zum größten Teil auf eigene Erfahrungen zurückgreifen, die ich bis jetzt bei der gezielten Farbzucht von Kamerunern gemacht habe. Dennoch ist längst nicht alles geklärt, und manche Fragestellung bleibt bisher noch offen. Weitere Zuchtversuche sind in Zukunft notwendig, um Antworten zu finden.

Zum besseren Verständnis eine Erklärung vorab: jedes Lebewesen besitzt für jede vererbbare Eigenschaft zwei Anlagen, die Gene genannt werden. Davon ist ein Gen vom Vater, das andere von der Mutter vererbt worden. Die beiden Gene können gleich, aber auch unterschiedlich sein. Sind sie unterschiedlich, wird das Erscheinungsbild in den meisten Fällen von nur einem der Gene geprägt. Dieses prägende Gen nennt man dominant, das andere wird unterdrückt, man nennt es rezessiv. Ein Beispiel: ein schwarzes Kamerunschaf hat für diese Eigenschaft die beiden gleichen Gene schwarz/schwarz. Ist das Schaf jedoch braunmarkenfarbig, kann es die Gene Braunmarken/Braunmarken besitzen. Es ist jedoch auch möglich, dass das Genpaar Braunmarken/schwarz vorliegt. In diesem Fall unterscheidet sich dieses Schaf äußerlich nicht von dem Tier mit den beiden braunmarken Genen, aber es trägt auch die Anlage für schwarz, die hier unterdrückt wird. Man sagt, braunmarken ist dominant über schwarz. Da schwarz rezessiv vererbt, kann es also nur dann äußerlich zum Vorschein kommen, wenn es reinerbig (also doppelt) vorliegt.

Mit der Groß- bzw. Kleinschreibung (Braunmarken, schwarz) wird hier bereits auf das dominante bzw. rezessive Gen hingewiesen. Zur Vereinfachung ist es gebräuchlich, dominante und rezessive Gene lediglich durch einen Groß- bzw. Kleinbuchstaben darzustellen, z.B. A für braunmarken und a für schwarz. Ein schwarzes Tier ist dann aa, ein braunmarkenfarbiges entweder AA oder Aa, wenn es spalterbig ist in schwarz.

Diese Darstellung ist stark vereinfacht gehalten, um den Rahmen des Buches nicht zu sprengen. Wer näher an den allgemeinen Vorgängen der Vererbung interessiert ist, kann sich in der zur Verfügung stehenden speziellen Fachliteratur weitergehend informieren.

Mit dem oben beschriebenen Beispiel ist bereits die Vererbung von schwarz und braunmarken erklärt. Wenn z.B. aus zwei braunmarken Elterntieren ein schwarzes Lamm fällt, dann sind beide Eltern spalt in schwarz, tragen also beide das Genpaar Aa, so dass ein Lamm mit aa (schwarz) resultieren kann. Schematisch gesehen gibt es hierbei folgende Möglichkeiten:

Aa x Aa

AA, reinerbig braunmarken
Aa (A vom Vater, a von der Mutter), braunmarken, spalt schwarz
Aa (A von der Mutter, a vom Vater), braunmarken, spalt schwarz
aa, schwarz

Bei den braunmarkenfarbigen findet man gelegentlich Exemplare, die ein schönes, tiefes Kastanienbraun mit schwärzlicher Schattierung aufweisen, jedoch die typischen schwarzen Abzeichen durchaus noch erkennen lassen. Diese Tiere tragen die Anlage zur Verdunkelung der Grundfarbe, die rezessiv gegenüber der normalen vererbt. Sie können, müssen aber keineswegs spalterbig in schwarz sein.

Die Vererbung von schwarzmarkenfarbig ist komplexer. Im Wesentlichen haben wir es hierbei mit der weitaus selteneren Variante der intermediären Vererbung zu tun, das bedeutet, die Nachkommen bilden eine Mischform zwischen der Farbe des Vaters und der der Mutter. Kreuzt man braunmarken mit schwarzmarken, erhält man Lämmer, die fast ganz braun sind, ohne die schwarzen Abzeichen am Bauch und an den Läufen. Nur im Gesicht findet sich die typische schwarze Zeichnung wieder. Solche Tiere vererben beides, sowohl braunmarken als auch schwarzmarken. Bei der Paarung von schwarzmarkenfarbigen mit schwarzen oder mit braunmarkenfarbigen, die spalt sind in schwarz, kann es zu

Lämmern kommen, die schwarz geboren werden, aber später helle Augenringe und ein helles Maul bekommen, u.U. auch eine hellere Unterseite mit angedeuteten braunen Läufen. Diese Tiere weisen alle Übergänge zwischen schwarz und schwarzmarken auf, sind aber nie sauber gezeichnet. Zudem nimmt ihre Unterwolle später einen mehr oder weniger deutlichen grauen Touch an, wodurch diese Schafe besonders im Winterfell wie grau bereift aussehen.

Die Vererbung der seltenen rein rotbraunen Kamerunschafe ohne jegliche schwarze Abzeichen ist noch nicht vollständig geklärt. Sie scheinen dominant zu vererben, denn aus einer Paarung eines solchen Bockes mit schwarzen und braunmarken Auen bekam ich überwiegend hübschen roten Nachwuchs.

Besonders schwierig wird es bei der Zucht von einfarbig weißen Kamerunschafen! Weiß gepaart mit weiß gibt immer weiß, aber das ist auch schon alles, was man sicher weiß … Im Allgemeinen kommt es bei der Kreuzung mit braunmarken bzw. schwarz zu oft sehr schönen Tigerschecken. Einmal gab es in meiner Zucht von einem weißen Bock ein fast weißes Tigerscheckenlamm mit wenigen rotbraunen Flecken an den Läufen, im Genick und am Oberschenkel aus einer wildfarbig-weißen Mutter. Die Frage stellt sich, besteht eine Verbindung zwischen weißen und tigergescheckten Kamerunschafen? Oder tragen die wenigen weißen Exemplare, die mir bekannt sind, nur zufällig die Tigerscheckung? Hier werden noch weitere Zuchtversuche notwendig sein, um diese Fragestellungen zu klären.

Um gleich bei den Tigerschecken (oder Schimmeln) zu bleiben, sie vererben offensichtlich dominant gegenüber einfarbig. Das bedeutet, aus einer Kreuzung Tigerschecke mit nicht gescheckt fallen häufig, aber nicht immer ebenfalls Tigerschecken. Wie schon erwähnt, gibt es auch „gescheckte

Schecken", das heißt solche, die sowohl die Merkmale der Tiger- als auch der Plattenscheckung tragen! Solche Tiere besitzen die Anlagen für beide Formen der Scheckung.

Vollkommen anders vererbt die Plattenscheckung! Hier ist gescheckt (ss) rezessiv gegenüber nicht gescheckt (SS). Aus einer Paarung Schecke mit einfarbigem Elternteil wird nie ein Schecke fallen, es sei denn, der einfarbige Partner ist zumindest spalterbig in Gescheckt (Ss). Das heißt aber auch, dass aus zwei einfarbigen Tieren plötzlich ein Scheckenlamm resultieren kann, falls beide Eltern das Plattenscheckungsgen tragen! Die schönsten Schecken, also solche mit wenigstens 50 % Weißanteil, kommen in der Regel aus Verpaarungen Schecke mit Schecke. Sind beide Eltern Plattenschecken, wird kein einfarbiges Lamm geboren werden, sondern immer ein Schecke.
An diesem Beispiel wird zudem deutlich, dass die Farbe durchaus auch von mehr als nur einem einzigen Genpaar beeinflusst werden kann. Schecken in braunmarkenfarbig haben das Genpaar AA bzw. Aa und zusätzlich das Anlagenpaar ss für Scheckung, sind also AAss oder Aass. Schwarzweiße Tiere sind aass.

Die Vererbung der Wildfarbe, der ursprünglichsten Zeichnungsart, ist noch nicht ganz geklärt. Im Allgemeinen scheint sie dominant zu vererben, doch ergeben sich mit braunmarken Partnern häufig braunmarkenfarbige Lämmer. Dies kann jedoch dadurch bedingt sein, dass kaum ein wildfarbiges Kamerunschaf in der Farbe reinerbig ist, schon der Seltenheit dieses Farbschlages wegen.

Gesunderhaltung und Krankheiten

Im Allgemeinen sind Kamerunschafe sehr robuste Tiere, die nur selten krank werden, solange die Haltung stimmt und man ihre besonderen Bedürfnisse berücksichtigt. Dennoch ist es besser, über die häufigsten Schafkrankheiten Bescheid zu wissen oder zumindest ein Buch zur Hand zu haben, in dem man nachschlagen kann. Es gibt viel Literatur über Schafkrankheiten, und auch in den meisten allgemeinen Ratgebern über Schafe ist das Kapitel „Krankheiten" sehr ausführlich behandelt. Trotzdem sollte man nicht versuchen, auf eigene Faust herumzuexperimentieren, sondern einen Tierarzt zu Rate ziehen, wenn einem Schaf etwas fehlt. Aus all diesen Gründen wird darauf verzichtet, hier näher auf die verschiedenen Krankheiten und ihre Symptome einzugehen. Stattdessen soll versucht werden, rassespezifische Besonderheiten und Vorbeugungsmaßnahmen herauszustellen.

Vieles ist schon in den Kapiteln „Unterbringung" und „Fütterung" erklärt worden, was der Gesunderhaltung von Kamerunschafen dient. Hervorgehoben sei noch einmal, dass Kameruner im Winter anfälliger und empfindlicher gegen Haltungsfehler sind als die durch ihre Wolle besser geschützten heimischen Rassen! Sie brauchen besonders guten Witterungsschutz in Form von zugfreien und trockenen Unterständen oder Ställen, und sie vertragen auch keine dauerfeuchten Weideflächen. Trotzdem ist in der kalten Jahreszeit ihr Bedarf an Erhaltungsfutter (im wesentlichen Heu) größer als bei vielen anderen Robustrassen, wenn nicht zusätzlich etwas Kraftfutter gegeben wird. Es sollte nie vergessen werden, dass ihr Energieaufwand für alle Stoffwechselvorgänge im Winter höher ist!

Allerdings sieht man selbst bei Kamerunern mit dickem Winterfell stets deutlicher und viel eher als bei anderen Schafen, wenn sie abmagern. Das bedeutet, dass auch die bei uns bodenständigen Rassen unter ungünstigen Bedingungen leiden können, nur merkt man es bei ihnen nicht so schnell, weil die Wolle den Körper verdeckt. Immerhin scheint dies ein Vorteil zu sein, denn je eher auffällt, dass etwas nicht stimmt, desto früher kann auch etwas dagegen unternommen werden!

Auf feuchten, matschigen Böden neigen Kameruner leider häufig zur Moderhinke, eine bakterienbedingte Erkrankung, die das Horn der Klauen faulen lässt. Auch gegen Maedi sollen sie anfällig sein. Dies ist eine Lungenerkrankung, die sich erst nach einigen Jahren äußert und die stets langsam zum Tode führt. Da der Erreger in erster Linie vom Mutterschaf über die Milch auf das Lamm übertragen wird, versuchen manche Züchter, maedifreie Bestände aufzubauen.

In letzter Zeit hat die Blauzungenkrankheit viele Schafe dahingerafft, weshalb ein bundesweites Impfprogramm eingeführt wurde, das für alle Schafhalter verpflichtend war. Inzwischen ist die Impfung meist freiwillig. Allerdings scheinen Kamerunschafe gegen diese Krankheit weitgehend unempfindlich zu sein. Beweise stehen noch aus, doch ist anzunehmen, dass sie schon damals in ihrer afrikanischen Heimat natürliche Abwehrkräfte gegen den Erreger entwickelt haben, der dort schon immer präsent war und erst seit wenigen Jahren Deutschland erreicht hat.
In diesem Zusammenhang sei darauf hingewiesen, dass jeder Schafhalter verpflichtet ist, seine Tiere bei der Tierseuchenkasse anzumelden, selbst dann, wenn er theoretisch nur ein einziges Schaf besitzt! Dazu sind Ohrmarken zur individuellen Kennzeichnung notwendig. Da in jedem Bundesland die Vorgehensweise unterschiedlich ist, sollte man sich beim zuständigen Veterinäramt informieren.

Obwohl Kamerunschafe nicht geschoren zu werden brauchen, müssen sie doch wie andere Schafe auch zweimal jährlich eingefangen werden, weil im Herbst und im Frühjahr ein

Klauenschnitt sowie die Wurmbehandlung ansteht! Während eine mindestens zweimalige Wurmbehandlung im Jahr schon zur Vorbeugung obligatorisch ist, sieht es mit der Klauenpflege unterschiedlich aus. Auf hartem Untergrund läuft sich das Horn meist gut ab, doch auf weichen Böden wächst es schneller nach, als es abgerieben werden kann. Viel hängt dabei auch vom individuellen Zustand und der Konstitution des Einzeltieres ab. Am besten ist es, bei jeder Entwurmung die Klauen zu kontrollieren und gegebenenfalls nachzuschneiden. Dazu ist eine Klauenschere optimal, doch tut es oft auch ein einfaches scharfes Messer. Diese Prozedur ist nicht schwierig, aber man sollte sich die Handhabung zeigen lassen, bevor man selbst zur Schere greift. Das ist allemal besser als eine theoretische Beschreibung in einem Buch! Wegen der Wurmbehandlung wende man sich an einen Tierarzt, der das geeignete Mittel dazu vorrätig hat.

Das **Handling** gestaltet sich bei Kamerunern oft schwieriger als bei anderen Schafen. Was ihnen an Größe, Gewicht und Körperkraft fehlt, machen sie durch Schnelligkeit, Sprungvermögen und Wildheit allemal wett! Dazu fehlt ihnen die Wolle zum Hineingreifen. Besonders weibliche Tiere flutschen manchmal aus dem Griff heraus wie ein Stück nasse Seife. Bei den Böcken sind ja immerhin die Hörner da, an denen man sie notfalls festhält. Am besten ist es, die ganze Gruppe in ein enges Stallabteil oder in einen Pferch mit genügend hohem Zaun zu locken, wo man sie besser fangen kann. Notfalls verkleinert man den Raum zusätzlich mit transportablen Hürdenelementen oder Gattern, sobald die Schafe drinnen sind, und setzt sie so in einer Ecke fest. Das Herausgreifen sollte möglichst rasch und stressfrei vonstatten gehen, ohne dass viel Jagerei entsteht. Hat man ein Kamerunschaf erst einmal eingefangen, ist es leicht, es wie andere Schafe auf den Steiß zu setzen, um es zu behandeln. Es hält dann im Allgemeinen ganz still. Auch diese Griffe sollte man sich zeigen lassen.

Nun noch ein Wort zur **Vergesellschaftung**. Mit den meisten Weidetieren lassen sich Kamerunschafe in der Regel problemlos halten. Nur bei Pferden sollte man beobachten, wie diese auf die Schafe reagieren. Es gibt welche, die sich einen Spaß daraus machen, Schafe herumzujagen und sogar zu beißen, doch die meisten sind friedlich. Nur wenn kleine Lämmer dabei sind, sollte man Pferde nicht zu den Schafen lassen. Sie könnten beim Galoppieren auf der Koppel unabsichtlich ein Lamm verletzen.

Schafe und Ziegen schließen sich sogar oft zu einer lockeren Herde zusammen, doch sind die Ziegen den Schafen aufgrund ihrer größeren Aggressivität und Wachsamkeit meist überlegen. Das schadet jedoch nichts, wenn genügend Platz zum Ausweichen vorhanden ist, besonders an der Futterstelle! Allerdings können sich die Schafe von den Ziegen auch einige Fertigkeiten hinsichtlich des Ausbrechens aus der Weide abgucken …

Das Zusammenhalten mit Schafen von anderer Rasse kann hingegen problematisch sein! Hinsichtlich der Verträglichkeit gibt es zwar keine Schwierigkeiten, und die Kameruner werden mit den anderen ohne weiteres eine gemischte Herde bilden. Es kommt aber besonders durch die asaisonale Brunst der Kamerunauen leicht zu Mischlingen. Ein viel größeres Problem sind jedoch die oft unterschiedlichen Bedürfnisse. Wir hatten früher einmal einige Kamerunschafe in unserer Heidschnuckenherde mit laufen, was den Sommer über durchaus gut ging. Im Winter jedoch blieben die Heidschnucken selbst bei schlechtem Wetter meist lieber im Freien, statt den Unterstand aufzusuchen. Die Kameruner hätten eigentlich schon längst Schutz vor den

Witterungsunbilden gebraucht, doch sie harrten trotzdem draußen bei den Heidschnucken aus. Die Folge war, dass sie ziemlich schnell abbauten. Sie magerten ab, wurden matt und struppig, so dass wir sie schließlich einfangen und in den Stall sperren mußten.

Braunmarken geschecktes Mutterschaf mit braunmarken Lamm

Landschaftspflege mit Kamerunschafen

Kamerunschafe eignen sich hervorragend für die Landschaftspflege, sofern einige rassetypische Besonderheiten und Bedürfnisse berücksichtigt werden. Ihre Anspruchslosigkeit, das aktive Weideverhalten, das gleichmäßige Ziehen über die ganze Fläche garantiert einen raschen und ebenmäßigen Verbiß. Durch ihre Geschicklichkeit können sie auch schlecht zugängliche Stellen beweiden, was sie besonders auch für steilere Hanglagen in den Mittelgebirgen geeignet macht. Zeitweise nehmen sie sogar lieber Stauden sowie Gehölzbewuchs auf als Gras, wodurch sie auch zur Ausdünnung von Gestrüpp und Buschwerk eingesetzt werden können. In dieser Hinsicht machen sie den Einsatz von Ziegen überflüssig. Nur eines können sie keinesfalls, nämlich Weihnachtsbaumkulturen pflegen wie die dafür angepriesenen Shropshire-Schafe! Würden sie auf eine solche Fläche gelangen, hätte man im wahrsten Sinne des Wortes „den Bock zum Gärtner gemacht" …

Allerdings gibt es einige Punkte zu bedenken, bevor man sich entscheidet, Landschaftspflege mit Kamerunern zu betreiben. Obwohl sie an sich sehr effektiv eingesetzt werden können, ist ihr Management doch ungleich aufwendiger als bei den ruhigeren Landschafrassen. Sie lassen sich als Herde nur mit erfahrenen und sensiblen Hütehunden leiten, ohne scheu zu werden und auszubrechen. Hütehundrassen mit „Biß" sind hier völlig fehl am Platz, dagegen können mit den vorsichtigeren Border-Collies, die eher „mit den Augen hüten", gute Resultate erzielt werden. Auch der Schäfer selbst muß bei ihnen ruhig und bedachtsam vorgehen.

Bei der Vergesellschaftung mit Wollschafen fällt diese Schwierigkeit zwar weg, weil einige Kameruner in einer solchen gemischten Herde sich anpassen und nach den anderen richten. Jedoch ist dies wegen der größeren Wetterempfindlichkeit der Kamerunschafe im Winter nicht ratsam. Man kann diese Tiere bei naßkaltem Wetter nicht in einem Pferch auf offenem Feld übernachten lassen! Im Sommer machen sie wohl fast alles mit, aber zur unfreundlichen Jahreszeit brauchen sie doch zumindest nachts einen geschützten Stall, in dem sie trocken stehen können, besonders dann, wenn noch Lämmer dabei sind. Da im Winter ihr Energieaufwand ohnehin höher ist, brauchen sie dann neben gutem Heu auch noch Kraftfuttergaben zusätzlich, um die Lämmer aufzuziehen und dabei selbst noch einigermaßen in Form zu bleiben. Das bedeutet einen für ihre Größe relativ hohen Futterverbrauch, was ihre Haltung zu dieser Zeit weniger wirtschaftlich macht.

Ein anderes Problem ist die Pferchung von Kamerunschafen mit versetzbaren elektrischen Hütenetzen. Überall dort, wo in der Landschaft keine festen Zäune aufgestellt werden dürfen sowie bei nur kurzfristiger Beweidung von Flächen kommen diese mobilen Netze für die Einzäunung von Schafherden zum Einsatz. Im Normalfall und wenn die Schafe daran gewöhnt sind, geht das einigermaßen, doch kann es andererseits gerade bei Kamerunschafen damit zu schlimmen Unfällen kommen! Durch ihr Sprungvermögen und ihre stets vorhandene Fluchtbereitschaft, auch bei zahmen Tieren, schützen diese Netze im Extremfall nicht vor dem Ausbrechen, und es gab auch schon Todesfälle, wenn sich Tiere in Panik im Elektronetz verfangen hatten. Elektronetze sollten bei Kamerunern nur als Abgrenzung von Parzellen innerhalb einer fest umzäunten Weide angewendet werden, und auch nur dann, wenn eine häufige Kontrolle gewährleistet ist.

Für eine ganzjährige Landschaftspflege mit einer mehr oder weniger großen Herde, die auch wirtschaftlich sein soll, eigen sich im allgemeinen andere bodenständige alte Landschafrassen besser, besonders solche, die dem zu pflegenden Biotop in generationenlanger Auslese speziell angepasst sind. Dies sind z.B. die Heidschnucken auf mageren Standorten, die Coburger Füchse und Rhönschafe in Mittelgebirgslagen oder die Moorschnucken zur Pflege von Feuchtgrünland.

Aus dem gerade Beschriebenen geht hervor, dass Kamerunschafe als Landschaftspfleger überwiegend im Sommerhalbjahr und am besten auf fest eingefriedeten Ländereien zum Einsatz kommen sollten. Ihr eigentliches Aufgabengebiet liegt also weniger in der Beweidung von weiträumigen Naturschutzflächen, sondern umfasst eher die Pflege von Obstwiesen, umzäunten Heckenlandschaften (Wallhecken, Knicks), kleinräumigen, eingrenzbaren Biotopen sowie von Bauerwartungsland und privaten Grünlandflächen. Hierzu sollen im Folgenden einige Beispiele und Tipps genannt werden.

Gut bestandene **Obstwiesen** mit Bäumen verschiedener Altersstruktur sind Biotope von hohem ökologischem Wert!

Früher weit verbreitet, sind sie durch die Konkurrenz des Erwerbsobstbaus heutzutage seltener geworden. Als hainartige Strukturelemente in der Landschaft bieten sie einer besonders angepassten Tier- und Pflanzenwelt Lebensraum und sind auch wichtige „Trittsteine" im Biotopverbundsystem. Hier sind Kamerunschafe die nahezu idealen Landschaftspfleger, die dafür sorgen, dass die Grasnarbe erhalten bleibt und weder verbuscht noch verunkrautet. Allerdings sind, wie bei jedem Weidevieh auf Obstwiesen auch, einige besondere Maßnahmen zu treffen, um die Bäume zu schützen.

Alte Obstbäume mit hohem Stamm und fester Rinde sind kaum gefährdet, während junge Exemplare durch Rindenverbiß sowie durch Abfressen von Laub und Zweigen Schaden nehmen, ja sogar zum Absterben gebracht werden können! Um dies zu vermeiden, muß ein stabiler Verbißschutz angebracht werden. Dieser besteht in der Regel aus 3 Pfählen, die im Dreieck um den Baum herum eingeschlagen und zur Stabilisierung oben durch Querlatten miteinander verbunden werden. Um dieses Gerüst wird engmaschiger Draht (z. B. Hühnerdraht) straff gespannt und mit Krampen befestigt, damit die Schafe ihn nicht gegen den Stamm drücken können. Neu gepflanzte Obstbäume brauchen darüber hinaus auch einen Stützpfahl, an dem sie im oberen Stammdrittel mit Kokosstrick festgebunden werden.

Wegen der Beweidung der Obstwiesen kommen nur Hochstamm-Obstbäume mit mindestens 1,80 m Stammhöhe bis zur Krone zur Neuanpflanzung in Frage! Es ist nämlich kaum möglich, Halb- oder gar Viertelstämme sowie die so beliebten Buschbäume für längere Zeit effektiv vor Verbiß zu schützen. Da die sehr athletischen Kamerunschafe sich wie Ziegen auf den Hinterbeinen aufrichten, um an das begehrte Laub zu kommen, ist es für sie ein Leichtes, trotz angebrachter Schutzvorrichtung bei diesen „Bäumen" in die Krone zu gelangen. Zudem müsste ein solcher Verbißschutz wegen der geringen Höhe und des Umfangs der Krone in einem solch weiten Abstand vom Baum gezogen werden, dass dadurch unnötig viel Weidefläche verloren geht, die außerdem so auch kaum gepflegt werden kann. Und außerdem vom ökologischen Gesichtspunkt aus betrachtet, erfüllen nur die größer werdenden Hochstamm-Obstbäume ihre Funktion für die Natur!

Auch **Hecken** müssen durch einen Zaun vor dem Abfressen geschützt werden. Kamerunschafe können selbst dichte Weißdorn- und Schlehenhecken mit der Zeit derart lichten, dass Lücken entstehen, durch die sie die Weidefläche schließlich unerlaubt verlassen.

Als Abgrenzung der Weide eignet sich eine sog. **Benjes-Hecke** sehr gut. Sie entsteht durch das Ablagern und Einflechten von Gehölzschnitt (Äste und Zweige) ineinander, so dass schließlich eine dichte und genügend hohe Abgrenzung aus Totholz die Schafe am Verlassen der Fläche hindert. Das Totholz vermodert mit der Zeit und fällt in sich zusammen, so dass immer wieder neuer Gehölzschnitt aufgebracht werden muß. Normalerweise siedeln sich durch Samenflug und Vogelkot junge Büsche und Bäume an, die durch das Totholz hindurch wachsen und auf dem Humus eine neue, lebendige Hecke bilden, doch wissen dies die Kamerunschafe im Allgemeinen erfolgreich zu verhindern. Deshalb muß auch die Totholz-Abgrenzung abgezäunt werden, wenn man eine solche Entwicklung anstrebt.

Auf unseren Weideparzellen haben wir entlang der inneren Abtrennungszäune Benjes-Hecken aus Totholz angelegt. Die Schafe akzeptieren sie als feste Abgrenzung, die immer gut wahrgenommen und niemals durchbrochen oder übersprungen wird. Aufgrund ihrer Sperrigkeit braucht sie auch nicht ganz so hoch zu sein wie ein Zaun. Können die Kameruner sie nicht übersteigen, genügt eine Höhe ab 1 m völlig. Außerdem bietet sie Wind- und Sichtschutz und gibt den Schafen ein Gefühl der Geborgenheit. Obwohl in ihr wahrscheinlich keine grünen Büsche wachsen werden, da sie nur an einer Seite von einem Zaun geschützt ist, gibt sie doch ein harmonisches, interessantes Bild ab, fügt sich besser als ein Zaun aus Knotengeflecht in die Naturlandschaft ein und dient sogar als Unterschlupf und Brutstätte für Igel, Spitzmäuse, Brandmaus, Erdkröte, Teichmolch, Zaunkönig, Rotkehlchen, Rebhuhn und eine Vielzahl von Insekten.

Noch eine Bemerkung zuletzt: es gibt immer mehr Leute, die sich Kamerunschafe lediglich als „Rasenmäher" anschaffen, im Glauben, sich damit Arbeit zu sparen. Diese Rechnung kann nicht aufgehen! Kein Schaf, und besonders kein Kamerunschaf, ist nur ein „billiger" Rasenmäher! Dazu ist der Aufwand der Schafhaltung doch zu groß, das nötige Wissen darüber zu umfangreich, wenn die Sache artgerecht betrieben und nicht in Tierquälerei ausarten soll. Es muß schon Freude und Interesse an den Schafen selbst vorhanden sein! Zudem ist zur Haltung einer kleinen Gruppe eine gewisse Flächengröße notwendig, die in den meisten Gärten nicht gegeben ist. Sehr schnell wird hier der Bewuchs abgeweidet, und dann stehen die Schafe am Zaun und schreien, weil sie Hunger haben und von da ab ganzjährig auf Heufütterung angewiesen sind, da sich die Grasnarbe durch das ständige Neuabfressen nicht regenerieren kann. Statt eines schönen Rasens entsteht so allmählich eine hässliche Parzelle mit kahlem Boden und viel Brennesselbewuchs …

Steht für die Tiere jedoch eine ausreichend große Weidefläche zur Verfügung, spricht allerdings nichts dagegen, die Schafe auch einmal im Garten zum Rasenmähen einzusetzen. Dazu muß die in Frage kommende Fläche provisorisch abgezäunt werden, sei es mit transportablen Holzhürden, mit Elektrozaun oder einfach mit Schafknotengitter. Solange sie dort genug zu fressen finden und diese Abgrenzung weit genug von den nächsten Blumenbeeten oder Gehölzen entfernt angebracht wird, werden die Schafe nicht versuchen, dort auszubrechen. Doch sobald das Angebot nachlässt, muß man ein Auge auf eventuell unter dem Zaun durchgekrochene oder hinüber gesprungene Tiere haben! Dann ist jedoch auch der Zeitpunkt gekommen, die „Gartenhelfer" wieder auf ihre Weiden zu schicken. Und –nachmähen muß man meistens sowieso!

Nachwort

Das vorliegende Buch gibt eingehende Hinweise zur Haltung von Kamerunschafen, verknüpft mit wissenswerten Informationen über diese Rasse. Dennoch mögen immer wieder einmal Fragen auftauchen, die hier nicht beantwortet werden. Aus diesem Grunde sei im Folgenden auf sonstige allgemeine Literatur zum Thema „Schafhaltung" hingewiesen. Auch existieren einige interessante Internet-Adressen über Kamerunschafe.

Dieses Werk ist nicht zuletzt zum Wohl der attraktiven Afrikaner selbst geschrieben, die häufig unter ungenügenden Haltungsbedingungen dahinvegetieren. Oft geschieht dies nur aus Unwissenheit heraus. Es kann sein, dass mancher Leser das Buch aus der Hand legen und sagen wird: „Nein, Kamerunschafe sind doch nichts für mich …". Doch auch eine solche Erkenntnis ist allemal besser, als sich mit falschen Voraussetzungen und Vorstellungen an ihre Haltung zu begeben! Wenn den Kamerunschafen hiermit zu einem artgerechten Dasein verholfen wird und auch ihr Halter auf diese Weise mehr Freude an ihnen findet, hat dieses Buch seinen Zweck erfüllt.

Zwei Schimmel-Lämmer in Rotbraun

Literaturhinweise

LÖHLE, K./LEUCHT, W.: Ziegen und Schafe. - Ulmer-Verlag, Stuttgart 1997

v. KORN, S.: Schafe in Koppel- und Hütehaltung. – Ulmer-Verlag, Stuttgart 1992

NITSCHE, S. u. L.: Extensive Grünlandnutzung. – Neumann-Verlag, Radebeul 1994

WINKELMANN, J.: Schaf- und Ziegenkrankheiten. – Ulmer-Verlag, Stuttgart 1995

KÜHNEMANN, H.: Schafe. Ulmer-Verlag, Stuttgart 2000

RIEDER, H.: Schafe halten. Ulmer-Verlag, Stuttgart

FISCHER, G./RIEDER, H.: Schafe. Das Fotobuch für die Praxis. Ulmer-Verlag, Stuttgart 2004

Internet-Adressen

www.kamerun-schafe.de (Verein der Kamerunschafzüchter und -halter e.V.)

www.kamerunschaf.de

www.nolana-schafe.de

Bildquellen

G. Lienhard, Berghaupten, Abb. Seite 16
- alle anderen Abbildungen vom Autor -

Über den Autor

Dirk Süllentrop

Jahrgang 1955

Studium Biologie, Geographie (Fachrichtung
Landschaftsökologie) und Geologie an der WWU Münster

Tätigkeiten im Biotopmanagement, insbesondere Obstwiesen

umfangreiche Erfahrungen in der Haltung, Zucht, Aufzucht
und Auswilderung verschiedener Tierspezies, seit 20 Jahren
Zucht und Haltung von Schafen (im Wesentlichen
Heidschnucken und Skudden, erst später Kamerunschafe) mit
Einsatz in der Landschaftspflege

Herstellung und Verlag:
Books on Demand GmbH, Norderstedt
ISBN 978-3-8423-1892-2